STARGÅTE

SG·1

Wolfgang Hohlbein
Frank Rehfeld

STARGÅTE
SG·1

Episodenguide

NACH DEM DREHBUCH UND DEN CHARAKTEREN
VON DEAN DEVLIN & ROLAND EMMERICH
FERNSEHBEARBEITUNG
VON JONATHAN GLASSNER & BRAD WRIGHT

BSV
Burgschmiet Verlag

Die Deutsche Bibliothek – CIP-Einheitsaufnahme –
Ein Titelsatz für diese Publikation ist bei Der Deutschen Bibliothek erhältlich.

ISBN 3-933731-48-8 – 1. Auflage 2000

Covergestaltung: Susanne Gebert
Satz: Reiner Swientek Fotosatz

PRINTED IN GERMANY

EINFÜHRUNG

Jedes künstlerische Produkt hat Schöpfer, seine Eltern gewissermaßen. Darin unterscheidet es sich nicht sonderlich von einem Menschen. Insofern lässt sich auch eine TV-Serie durchaus mit einem Kind vergleichen, eine Metapher, die die Grundlage für die Strukturierung dieses Buches bildet. Das Herzstück dieses Episodenführers bilden die einzelnen Episoden des Kindes „StarGate Kommando SG-1", doch soll auch das verwandschaftliche Umfeld kurz beleuchtet werden.

Jedoch gibt es einen grundlegenden Unterschied bei diesem Vergleich: Eine TV-Serie muss nicht unbedingt einen Vater und eine Mutter haben. Es kann sich um einen einzelnen Elternteil handeln, ebenso wie um ein ganzes Kollektiv, und das Geschlecht spielt dabei keinerlei Rolle.

Die Sterblichkeitsrate noch vor der Geburt ist bei Serien ungeheuer hoch. Jeden Tag werden TV-Sendern überall in der Welt zahlreiche Ideen, ausgearbeitete Treatments oder komplette Drehbücher für neue Serien angeboten. Mindestens neunzig Prozent davon jedoch fallen bei den verantwortlichen Produzenten durch, und das aus den verschiedensten Gründen. In dieser Hinsicht geht es Serienkonzepten nicht anders als Ideen für Kinofilme. Dies können ganz persönliche Gründe sein. Es kann vorkommen, dass der angebotene Stoff dem persönlichen Geschmack des Produzenten einfach nicht entspricht, doch meistens glaubt man eher, kein ausreichend großes Publikum dafür begeistern zu können, oder aber die veranschlagten Produktionskosten würden den Rahmen des Machbaren sprengen. Erfolgsgarantien gibt es gerade bei Kinofilmen nie. Nahezu jeder große Kassenschlager ist zuvor von anderen Studios abgelehnt worden, und auch einige abgelehnten Serienkonzepte hätten sich möglicherweise als großartige Erfolge erwiesen.

Einige wenige aber erblicken immerhin das Licht der Welt, indem ein Pilotfilm in Auftrag gegeben wird, den dann meist ein Testpublikum zu sehen bekommt. Auch hier gibt es ein gnadenloses Ausleseverfahren: Fällt der Pilotfilm durch, weil er entweder den Managern der Sender oder dem Testpublikum nicht gefällt, ist die Serie damit gestorben. Nur ganz wenige Projekte erhalten noch eine zweite Chance, wie es bei „Raumschiff Enterprise“ (Star Trek) der Fall war. Der erste Pilotfilm mit dem Titel „The Cage“ erschien den Verantwortlichen bei NBC zu intellektuell, dennoch bewilligte man Gene Roddenberry die Mittel für einen weiteren Versuch. Mit ihren diversen Nachfolgeserien und Kinofilmen, vor allem in den achtziger und neunziger Jahren, etablierte sich die Serie zu einem Dauerbrenner.

Etwas anders sieht es bei Konzepten aus, die sich bereits im Kino erfolgreich bewährt haben. Sie brauchen ihre Lebensfähigkeit nicht mehr unter Beweis zu stellen (obwohl es auch hier böse Flopps geben kann). Die Sender stürzen sich geradezu auf einige von ihnen und adoptieren sie gewissermaßen, wie es auch bei „StarGate“ der Fall war. Roland Emmerichs Kinofilm, für den er zusammen mit Dean Devlin das Drehbuch schrieb, spielte mehrere hundert Millionen Dollar ein und bot sich inhaltlich geradezu ideal für eine beliebige Zahl von Fortsetzungen an.

Als Adoptiveltern fungierten Jonathan Glassner und Brad Wright, die das Konzept des Films für eine Fernsehserie weiterentwickelten. Nicht einmal drei Jahre nach dem Start des Kinofilms „StarGate“ wurde der Pilotfilm von „StarGate Kommando SG-1“ erstmals von dem amerikanischen Pay-TV-Sender *Showtime* ausgestrahlt und erzielte auf Anhieb gute Einschaltquoten.

Vier Staffeln wurden inzwischen gedreht, und eine fünfte ist in Arbeit. Die zahlreichen Fans weltweit werden also auch weiterhin mit Nachschub versorgt, und der Erfolg der Serie ist äußerst zufrieden stellend. Gute Aussichten für die Zukunft also, gäbe es da nicht einen Wehmutstropfen, der mit wachsender Laufzeit immer mehr an Gewicht gewinnen wird.

Jedoch selbst erfolgreiche TV-Serien haben normalerweise keine besonders hohe Lebensspanne. Abgesehen von billig und schnell produzierten Daily-Soaps erreicht kaum eine von ihnen ein Alter von zehn oder mehr Jahren. Ein Thema wird uninteressant, und die einzelnen Episoden werden immer schwächer, was zu einem Rückgang der Zuschauergemeinde führt. Häufig liegt eine Einstellung aber auch im Tod oder Ausstieg eines oder mehrerer Hauptdarsteller oder in wachsenden Kosten begründet. Gerade letztere werden oftmals auch von den Darstellern verursacht: Wenn sie durch eine Serie erst einmal zum Star geworden sind, steigen ihre Gagenforderungen um ein Vielfaches. Die Sender verdienen dann ohne weitere Ausgaben lieber an den Wiederholungen der alten Folgen und machen den Sendeplatz für eine neue Serie frei.

Dieses Schicksal wird auch „StarGate Kommando SG-1“ irgendwann in den nächsten Jahren ereilen. *Showtime* besitzt eine Option für fünf Staffeln. Ob es danach weitergehen wird, steht noch in den Sternen, doch gibt der Erfolg der Serie immerhin berechtigten Anlass zur Zuversicht. Viele Millionen Fans können also hoffen, auch in den nächsten Jahren neue Episoden zu sehen.

In Deutschland erscheinen die Folgen von „StarGate Kommando SG-1“ vor der Ausstrahlung bei RTL 2 zunächst auf Video; abgesehen von dem Pilotfilm, der bereits doppelte Laufzeit hat, laufen jeweils zwei Episoden auf einer Kassette.

Dem Episodenführer wurde die Reihenfolge zugrunde gelegt, in der die Episoden in Deutschland auf Video veröffentlich wurden, die von der Reihenfolge der Ausstrahlung im amerikanischen Fernsehen und auch der bei RTL 2 abweicht.

DIE VÄTER: ROLAND EMMERICH & DEAN DEVLIN

Im Sommer 2000 lieferten sich in den amerikanischen Kinos zwei Blockbuster ein Rennen um die Gunst des Zuschauers: „Der Patriot“ (The Patriot) und „Der Sturm“ (The Storm). Zwei völlig gegensätzliche Filme, ein Historiendrama und ein Katastrophenreißer, und dennoch ein Rennen ganz besonderer Art, denn eines haben die Filme gemeinsam: Sie stammen beide von deutschen Regisseuren. Wolfgang Petersen zeichnet für „Der Sturm“ verantwortlich, Roland Emmerich für „Der Patriot“.

Deutsche haben es in den letzten Jahrzehnten in Hollywood äußerst schwer gehabt, nur eine Hand voll von ihnen schafften den Durchbruch. Darsteller wie Jürgen Prochnow und Udo Kier spielten in einigen größeren Produktionen mit, ohne zu wirklichen Stars zu werden. Michael Ballhaus gehört als Kameramann zu den begehrtesten seiner Branche, und Hans Zimmer ist mittlerweile ein begehrter Komponist von Soundtracks geworden. Aber nur zwei Deutschen, die den Sprung über den großen Teich gewagt haben, ist es gelungen, in Amerika in den Olymp der absoluten Top-Regisseure aufzusteigen.

Geboren wurde Roland Emmerich am 10. November 1955 in Stuttgart. Schon als Kind machte er durch eine starke visuelle Begabung auf sich aufmerksam. Er zeichnete Bilder und ganze Comics; ein Talent, das ihm später noch sehr nützlich sein sollte.

Nach einigen Gelegenheitsjobs, unter anderem als Illustrator und in einer Werbeagentur, begann er 1978 ein Studium an der Münchener Hochschule für Film und Fernsehen, wo er zusammen mit Oswald von Richthofen den Kurzfilm „Franzmann“ drehte.

Wesentlich mehr Aufmerksamkeit erregte 1983 seine Abschlussarbeit, ein Film mit dem Titel „Das Arche Noah Prinzip“, der sich kritisch mit den politischen und militärischen Möglichkeiten der Wettermanipulation auseinandersetzt. Mit einem Budget, das zwischen 300.000 DM und über einer Million DM gelegen haben soll, war der Film für eine Abschlussarbeit extrem teuer und konnte nur mit Mitteln der Filmförderung realisiert werden. Anders als die Arbeiten fast aller anderen Filmstudenten (und auch die allermeisten mit öffentlichen Geldern geförderten Werke sogenannter Filmemacher in Deutschland), verstaubte „Das Arche Noah Prinzip“ jedoch nicht in irgendwelchen Archiven. Stattdessen fand Emmerich einen Verleiher, der den Film in die Kinos brachte, wo er sich recht wacker schlug. Immerhin eröffnete der Film 1984 die Berlinale und wurde in über zwanzig Länder verkauft. Eine Veröffentlichung auf Video und mittlerweile mehrere Ausstrahlungen im Fernsehen folgten. Roland Emmerich hatte es geschafft, zumindest auf sich aufmerksam zu machen.

Bereits während seines Studiums schrieb er die Rohfassung eines Scripts mit dem Titel „Necropole“, in dem es um die Theorie ging, dass Außerirdische vor Tausenden von Jahren Einfluss auf die Frühkulturen der Erde, speziell auf die der Ägypter nahmen und unter anderem für den Bau der Pyramiden verantwortlich waren – die Grundidee zu „StarGate“ war geboren. Eine Realisierung dieses Films, so wie Emmerich sie sich vorstellte, lag allerdings völlig außerhalb seines finanziellen Rahmens, weshalb das Script zunächst einmal in einer Schublade landete.

Emmerichs Ziel als Regisseur war es von Anfang an, nicht nur für das deutsche Publikum zu arbeiten, sondern den internationalen Markt, vor allem den amerikanischen, zu erobern. Er war mit amerikanischen Unterhaltungsfilmen aufgewachsen und von ihnen geprägt worden. Mit dem behäbigen, gesellschaftskritischen Autorenfilm, der zu dieser Zeit die deutsche Filmlandschaft beherrschte, konnte er nichts anfangen.

Bereits sein nächster Film mit dem Titel „Joey“, der 1984 in die Kinos kam, zeigt deutliche Einflüsse von Steven Spielberg, einem seiner großen Vorbilder, womit er sich den Spitznamen als „schwäbisches Spielbergle“ einhandelte. Joey ist ein amerikanischer Junge, über dessen Spielzeugtelefon sein verstorbener Vater Kontakt mit ihm aufnimmt und in den Sog finsterer Mächte gerät.

Auch „Joey“ wurde mit Mitteln der Filmförderung gedreht, doch entwickelte Emmerich deutliche Distanz zu dieser Art der Finanzierung. Um größere Unabhängigkeit zu erlangen, hatte er bereits 1982 zusammen mit seiner Schwester Ute Emmerich und seinem Freund Oliver Eberle die Produktionsfirma *Centropolis* gegründet.

Er empfand wachsendes Unbehagen über das System der Filmförderung, das maßgeblich darin besteht, dass zweimal im Jahr Gremien zusammentreten, die aus Ministerialbeamten, Filmwirtschaftlern, Kinobesitzern, Kulturfunktionären, Gewerkschaftlern und Kirchenvertretern bestehen, um aufgrund eingereichter Drehbücher zu entscheiden, welcher Film ihrer Meinung nach förderungswürdig sei. Dies seien Filme, die *gesellschaftlich relevante Themen* zum Inhalt hätten; eine Formulierung, wie sie schwammiger kaum sein kann. In den achtziger Jahren verlangte der damalige Bundesinnenminister Zimmermann, nur noch solche Filme zu fördern, die auch kommerziellen Erfolg versprächen. Eine gutgemeinte, aber dennoch grenzenlos naive Forderung. Niemand kann den Erfolg eines Films aufgrund eines Drehbuchs vorhersagen. Anderenfalls würden weltweit sicherlich nur noch Blockbuster gedreht. Doch selbst in Hollywood, dem Zentrum der internationalen Filmindustrie, muss der mit jedem

Kassenschlager erzielte Gewinn die Verluste aus Dutzenden von Flops mitfinanzieren.

Wie bereits in der Einführung erwähnt, wurde die Produktion nahezu jedes Erfolgsfilms zunächst von anderen Filmstudios abgelehnt. Das Script zu „Jäger des Verlorenen Schatzes“ (Raiders Of The Lost Ark, USA 1981) wurde in sämtlichen Hollywoodstudios wie eine saure Zitrone herumgereicht, ehe Paramount schließlich zugriff und damit einen der erfolgreichsten Filme aller Zeiten produzierte. Universal hatte sich „Krieg der Sterne“ (Star Wars, USA 1977) entgehen lassen, Columbia verzichtete auf „E.T.: – Der Außerirdische“ (E.T., USA 1982). Die Liste ließe sich endlos fortsetzen. Kein Produzent und kein Finanzier kann vor der Premiere mit Sicherheit garantieren, ob ein Film ein Erfolg oder möglicherweise ein gigantischer Flop wird. Und selbst bekannte Schauspieler sorgen nicht zwangsläufig für volle Kinokassen, obwohl sie trotz ihrer hohen Gagen dazu beitragen, das Risiko zu verkleinern. Wie sollen unter diesen Umständen öffentliche Gremien nur aufgrund eines Drehbuchs über die Kommerzialität eines Films entscheiden?

Zimmermanns Vorschlag wurde von den Befürwortern des sterbenslangweiligen Autorenfilms in der Luft zerrissen, von den meisten anderen Filmschaffenden belächelt und verschwand schnell wieder in der Versenkung. Erfolg war nach wie vor kein Kriterium bei der Verteilung von Fördergeldern, bildete sogar eher eine Quelle von Misstrauen, wie es bei Roland Emmerich der Fall war. Mit „Das Arche Noah Prinzip“ hatte er bewiesen, dass er mit seinen Visionen ein größeres Publikum anzusprechen vermochte, doch enthielt der Film immerhin auch eine Menge gesellschaftskritischer Aspekte.

„Joey“ hingegen war reine Unterhaltung, noch dazu ein mit zahlreichen Spezialeffekten angereicherter Film aus dem Fantasy-Genre, das unter den meisten Kritikern und Kulturschaffenden ohnehin als minderwertig und anspruchslos galt und noch gilt. Die Hauptperson war zudem ein neunjähriger Junge, womit auch überwiegend junge Zuschauer als Zielgruppe auserkoren waren. Der Film war für ein Massenpublikum zugeschnitten und konnte demzufolge nur schlecht und keineswegs förderungswürdig sein – schlimmer noch: Er hatte sogar Erfolg, und das zuständige Gremium der Filmförderung musste von Kritikerseite eine Menge Häme und Anfeindungen über sich ergehen lassen.

Unbeirrt setzte Emmerich jedoch seinen eingeschlagenen Weg fort. Als nächster Film folgte 1987 „Hollywood Monster", der ein ähnliches Sujet wie „Joey" behandelte. Diesmal diente statt eines Telefons eine Bauchrednerpuppe als Medium zum Reich der Toten, die von dem verstorbenen Butler Louis in Besitz genommen wurde, einem äußerst höflichen und kultivierten Gespenst.

Zwar inszenierte Emmerich auch diesen Film noch weitgehend in Deutschland, arbeitete aber bereits ausschließlich mit internationalen Darstellern und drehte einige Szenen direkt am Ort des Geschehens in den USA.

Der 1989 aufgeführte Film „Moon 44", mit Michael Parré in der Hauptrolle, erwies sich in zweierlei Hinsicht als besonders bedeutsam für den jungen Regisseur. Zunächst einmal lernte er während der Dreharbeiten Dean Devlin kennen, der eine der Hauptrollen spielte, dessen Hauptinteresse aber dem Verfassen von Drehbüchern galt. Devlin hatte seine Karriere als Theaterschauspieler begonnen und Gastauftritte in zahlreichen Fernsehserien hinter sich, unter anderem in „L.A. Law".

Zwischen den beiden entwickelte sich eine enge Freundschaft, und seit „StarGate" hat Devlin zusammen mit Emmerich zu allen Filmen, bei denen dieser auch Regie führte, das Drehbuch geschrieben. Neben gleichgelagerten Interessen und Vorlieben ergänzten die beiden sich auch in geschäftlicher Hinsicht ideal. Devlin entsprang einer reichen New Yorker Bankiersfamilie und besaß gute Kontakte zur Finanzwelt, so dass er Emmerich mit dem Auftreiben der für weitere Filme nötigen Gelder unterstützen konnte. Devlin brauchte nicht lange überredet zu werden, bei *Centropolis* einzusteigen.

Mit „Moon 44“ erweckte Emmerich zudem erstmals auch in den USA Interesse. Besonders beeindruckt zeigten sich die amerikanischen Produzenten von den für einen SF-Film mit zahlreichen Spezialeffekten extrem geringen Herstellungskosten von nur sechs Millionen DM. Die meisten Spezialeffekte hatte Emmerich selber ausgetüftelt und in seiner Sindelfinger Produktionshalle auch selbst in Szene gesetzt, womit er sich die Ausgaben für eine teure entsprechende Firma sparen konnte.

Und auch seine visuelle Vorstellungskraft und sein Zeichentalent erwiesen sich nun als äußerst nützlich für ihn. Im Gegensatz zu manchen anderen Regisseuren wusste Emmerich im voraus immer schon genau, wie eine bestimmte Szene aussehen sollte, was ein langwieriges und teures Herumexperimentieren überflüssig machte. Darüber hinaus war er in der Lage, exakte Storyboards anzufertigen; Zeichnungen, die den Darstellern und der Produktionscrew seine Vorstellungen bildlich verdeutlichten.

Seine effiziente, Kosten sparende Arbeitsmethode erweckte auch das Interesse des Produzenten Mario Kassar, der unter anderem für Kassenschlager wie „Rambo“ (Rambo, USA 1985), „Basic Instinct“ (Basic Instinct, USA 1993) und „Terminator 2“ (T2, USA 1992) verantwortlich zeichnet. Er bot Emmerich die Regie bei dem Film „Isodar“ an, einem ziemlich wirren SF-Streifen, doch schon nach kurzer Zeit warf Emmerich das Handtuch, weil sich das Drehbuch immer mehr veränderte und sich wohl auch die Zusammenarbeit mit dem als cholerisch geltenden Produzenten Joel Silver, der das Projekt betreute, als ziemlich schwierig erwies.

Statt dessen führte er bei „Universal Soldier" Regie, einem ebenfalls futuristischen Action-Film mit Jean-Claude van Damme und Dolph Lundgren in den Hauptrollen. Es war eine reine Auftragsarbeit, die Emmerich nur deshalb annahm, um zu beweisen, dass er auch unter den in vielerlei Hinsicht anders gearteten Produktionsbedingungen des amerikanischen Studio-Systems arbeiten konnte, und um seinen Namen auch in den USA über Insider-Kreise hinaus bekannt zu machen. Der Film wurde mit einem weltweiten Einspielergebnis von mehr als 100 Millionen Dollar ein beachtlicher Erfolg und öffnete Emmerich alle Türen.

Bereits zuvor hatte er Kassar das Script zu „StarGate" vorgelegt, dass diesem gefiel, aber erst jetzt bekam er das dafür nötige Budget in Höhe von 55 Millionen Dollar bewilligt.

Emmerichs ursprüngliche Idee spielte in Ägypten, doch Devlin machte den Vorschlag, die Handlung auf einen anderen Planeten zu verlegen, den man Abydos nannte. Hierher hatte Ra, der altägyptische Sonnengott, der in Wahrheit ein Außerirdischer war, tausende Menschen umgesiedelt, deren Kultur sich seither kaum verändert hat. Den Weg dorthin bildete ein Transmitter, ein StarGate (SternenTor), das dem Film schließlich auch den Titel gab. Durch dieses StarGate sollte eine Gruppe Elitesoldaten nach Abydos gelangen und dort in einen Kampf gegen Ra verwickelt werden.

Die Realisation des Films stellte die gesamte Crew vor gewaltige Probleme. Abydos sollte ein Wüstenplanet sein, und die Dreharbeiten für die zahlreichen Außenaufnahmen fanden in der Nähe von Yuma, Arizona statt. Für die Massenszenen, in denen die Abydonier sich gegen Ra erheben, mussten mehr als tausend Statisten engagiert werden, für die außerdem Kostüme entworfen werden mussten. Insgesamt wurden mehr als viertausend Kostüme angefertigt.

Um eine überzeugende Sprache für die Abydonier zu entwerfen, die auf dem Ägyptisch basierte, das vor dreitausend Jahren gesprochen wurde, sich aber weiterentwickelt hatte, engagierte Emmerich einen Ägyptologen namens Stuart Tyson Smith. Er kreierte nicht nur ein paar neue, alt klingende Worte, sondern eine fiktive Grammatik mit eigenen Ausspracheregeln. Details wie diese sind es, die den Film letztlich so authentisch erscheinen lassen.

Und der Aufwand lohnte sich. „StarGate" spielte allein in den Kinos mehr als 250 Millionen Dollar ein, hinzu kamen die Einnahmen aus dem Videoverleih und Verkauf, außerdem für die Fernsehausstrahlungen, die selbst heute noch Geld einbringen. Dabei hatte der Film einen ungünstigen Starttermin, denn fast gleichzeitig startete in den US-Kinos „Star Trek: Treffen der Generationen" (Star Trek: Generations, USA 1994), der lang erwartete erste Star Trek-Film mit der Crew aus „The Next Generation", der potentiell das gleiche Publikum ansprach.

Als Regisseur, Co-Produzent und Co-Drehbuchautor hatte Emmerich von Anfang an die völlige Kontrolle über das Projekt, so dass auch der Erfolg in erster Linie ihm zugeschrieben wurde. Er hatte bewiesen, dass er in der Lage war, eine Big-Budget-Produktion in Szene zu setzen. Damit hatte er es nicht nur endgültig geschafft, sich in Hollywood zu etablieren, sondern sich auf eindrucksvolle Art und Weise direkt in die Spitzengruppe der Top-Regisseure katapultiert.

Über seine Zukunft und die Geldmittel für seine nachfolgenden Projekte brauchte er sich somit vorerst keine Sorgen mehr zu machen. Zusammen mit Devlin entwickelte er die Idee zu einer Mischung aus SF-Film und Katastrophenthriller. Das Budget sollte maximal sechzig Millionen Dollar betragen, doch sollte der Film durch seine aufwendigen Spezialeffekte so aussehen, als hätte er mindestens das Doppelte gekostet. Die Studios rissen sich förmlich darum; den Zuschlag erhielt schließlich die Twentieth Century Fox. Der Film erhielt den Titel „Independence Day“.

Am zweiten Juli, zwei Tage vor dem amerikanischen Unabhängigkeitstag, dem höchsten Feiertag der USA, tauchen gewaltige fremde Raumschiffe über allen Metropolen der Erde auf und legen diese in Schutt und Asche. Sowohl militärischer Widerstand, wie auch sämtliche Versuche, mit den insektenartigen aussehenden Außerirdischen zu einer friedlichen Regelung zu kommen, schlagen fehl. Erst mit Hilfe des brillanten Satellitenmechanikers und Computergenies David Levinson gelingt es schließlich, die Schutzschirme der Außerirdischen mittels eines Computervirus auszuschalten und ihre Schiffe mittels weltweiter Großangriffe am Unabhängigkeitstag zu vernichten.

Wie bei Katastrophenfilmen üblich, verteilt sich die Handlung auf eine ganze Reihe von Protagonisten, die an unterschiedlichen Orten mit den Auswirkungen des außerirdischen Angriffs konfrontiert werden, deren Schicksale jedoch untereinander verbunden sind, oder deren Wege schließlich zusammenführen.

Der Film weist eine Reihe bekannter Darsteller, allerdings keine ausgesprochenen Stars auf. In den Hauptrollen finden sich unter anderem Bill Pullman als amerikanischer Präsident, Jeff Goldblum als David Levinson,

Robert Loggia als General Grey und Schauspieler und Rap-Sänger Will Smith als wagemutiger Kampfpilot Steven Hiller. Durch „Independence Day" erlebte Smith' Karriere einen gewaltigen Aufschwung. Er avancierte zum Mega-Star und spielte seither Hauptrollen in Filmen wie „Men In Black" und „Wild Wild West".

Das ganz Besondere daran aber waren die Spezialeffekte. Die mehr als dreißig Kilometer durchmessenden Raumschiffe der Außerirdischen (und erst ihr Mutterschiff!), die Szenen, in denen das Weiße Haus oder das Empire State Building zerstört werden, und andere mehr, lockten Millionen Zuschauer in die Kinos.

Auch Emmerichs Karriere bekam durch „ID4", wie „Independence Day" allgemein genannt wurde, noch einmal einen gewaltigen Schub nach vorne. Der Film wurde zu einem wahren Blockbuster und gehört zu den erfolgreichsten Filmen aller Zeiten, obwohl die Story eher simpel gestrickt ist. Der pathetische US-Patriotismus wäre den meisten amerikanischen Regisseuren wahrscheinlich zu peinlich gewesen und sorgte im Ausland für einige Kritik.

Mit seinem nächsten Projekt versuchte Emmerich, diesen Erfolg noch zu toppen. Diesmal sollte es sich um einen Monster-Film handeln, und er wählte dafür eines der bekanntesten Monster der Filmgeschichte: Godzilla. Von Japan wurde die Handlung nach Amerika verlegt, wo die Riesenechse statt durch Tokio durch New York trampeln, eine Menge Schaden anrichten und auch noch eine ganze Horde von Nachkommen in die Welt setzen darf.

Auch „Godzilla" wurde mit großem tricktechnischem Aufwand verfilmt, dennoch vermochte sich niemand so recht für den Film zu erwärmen. Er wurde nicht gerade ein Flop, aber so viel Columbia Tristar das Publikum auch mit dem Werbeslogan „It's size that matters" (Die Größe zählt) zu ködern versuchte, blieb der erhoffte Erfolg aus. Es kommt eben nicht nur auf die Größe an. Mit seinen perfekten Spezialeffekten hatte sich Emmerich selbst ein Bein gestellt, denn seiner Neuverfilmung fehlte genau das, was den Erfolg des Originals ausmachte: der etwas naive Trash-Charme der japanischen Vorlagen. Dort wirkten die Monster eben nicht lebensecht, und die Häuser und Autos waren deutlich als Spielzeugmodelle zu erkennen. Zumindest das heutige Publikum amüsiert sich in erster Linie über diese Filme, das macht den Kult-Charakter aus. Emmerich hingegen nahm seinen „Godzilla" von der ersten bis zur letzten Szene todernst.

Ebenfalls zum Scheitern verurteilt war Emmerichs bislang einziger Abstecher ins Fernsehen. 1997 entwickelte er zusammen mit Dean Devlin die Serie „The Visitor", die in Deutschland bei Pro 7 ausgestrahlt wurde. „The Visitor" ist die Geschichte des 1945 verschollenen Militärpiloten Adam MacArthur, gespielt von dem durch „Ausgerechnet Alaska" (Northern Exposure) bekannt gewordenen John Corbett. Nach fünfzig Jahren kehrt dieser zurück, ohne gealtert zu sein und im Besitz übernatürlicher Kräfte. Er wurde Opfer einer Entführung durch Außerirdische, konnte diesen jedoch entkommen und setzt seine Kräfte ein, um Menschen in Not zu helfen. Dabei wird er vom US-Militär gejagt. Im Mittelpunkt der Serie steht jedoch weniger diese Jagd oder die Außerirdischen, sondern Adams meist recht sentimentale Begegnungen mit einfachen Menschen, was letztlich den Misserfolg verursacht haben dürfte. Nur acht der gedrehten dreizehn Folgen wurden in Amerika ausgestrahlt, dann wurde die mit immer schlechteren Einschaltquoten laufende Serie aus dem Programm gekippt.

Mehr Erfolg konnte Emmerich wieder mit seinem bislang neuesten Projekt verbuchen, mit dem er außerdem einen radikalen Genre-Wechsel vollzog. „Der Patriot" ist ein mit großem Aufwand und Pathos in Szene gesetztes Historiendrama und Emmerichs erster Film völlig ohne phantastische Elemente. Mel Gibson spielt einen Familienvater, der in die Wirren des amerikanischen Unabhängigkeitskrieges verstrickt wird und gegen die Engländer kämpft. Eine ähnliche Rolle, wenn auch als Schotte, der nach dem Mord an seiner Frau das Joch der englischen Herrschaft zu brechen versucht, hatte er schon in „Braveheart“ gespielt.

Auch „Der Patriot“ weist wieder einen geradezu peinlich übertriebenen Patriotismus auf, vor allem die klischeehafte Darstellung der Engländer als absolute Bösewichte stieß gerade in Europa vielen Kritikern sauer auf. Dem Erfolg des Films tat das jedoch keinen Abbruch.

Zu diesem Zeitpunkt hatte sich Emmerich von einem seiner „Kinder“ bereits trennen müssen. Die Rechte an „StarGate“ waren an den Fernsehsender „Showtime“ gegangen, der eine auf dem Film basierende erfolgreiche TV-Serie produzierte. Emmerich selbst behauptet, dass ihm die Serie nicht gefiele, gibt sich zu diesem Thema jedoch sehr wortkarg, so dass man über die Gründe nur spekulieren kann. Vielleicht entspricht die Weiterführung der von ihm ersonnenen Geschichte tatsächlich nicht seinen Vorstellungen. Viele Eltern haben Probleme damit zu akzeptieren, dass ihre Kinder irgendwann auf eigenen Beinen zu stehen lernen und unabhängige Wege einschlagen.

Vielleicht ärgert Emmerich auch der Erfolg, an dem er nicht beteiligt ist, während sein eigener Abstecher ins Fernsehen zu einem gewaltigen Flop wurde.

Gerüchteweise soll er sich auch mit dem Gedanken an eine eigene Fortsetzung seines Films im Kino getragen haben. Diese Pläne wurden durch die Serie vereitelt, was ebenfalls ein Grund für seine ablehnende Haltung sein könnte.

Aber ob mit oder ohne sein Wohlwollen: „StarGate“ ist zu einem internationalen Erfolg geworden, und die Serie besitzt Millionen Fans überall in der Welt, was auch die bis heute ungebrochene Popularität des Films am Leben erhält.

DAS KIND:
STARGATE – DER FILM

STARGATE
Original-Titel (OT): STARGATE
US-Kinostart: 28. Oktober 1994
Deutscher Kinostart: 5. März 1995

Produktionsstab:
Regie: Roland Emmerich
Drehbuch: Roland Emmerich & Dean Devlin
Kamera: Karl Walter Lindenlaub
Schnitt: Derek Brechin & Michael J. Duthic
Musik: David Arnold
Produktionsdesign: Holger Gross
Kostüme: Joseph A. Porro
Spezialeffekte: Jeffrey A. Okun
Producer: Dean Devlin, Oliver Eberle &
Joel B. Michaels
Co-Producer: Ute Emmerich
Associate Producer: Peter Winther
Executive Producer: Mario Kassar

Hauptdarsteller:
Colonel Jonathan „Jack" O'Neill – Kurt Russel
Dr. Daniel Jackson – James Spader
Ra – Jaye Davidson
Catherine Lindfort – Viveca Lindfors
Skaara – Alexis Cruz
Sha'uri – Mili Avital
Kasuf – Erick Avari
General West – Leon Rippy
Lt. Colonel Charles Kawalsky – John Dieh

Inhalt:

Bei Ausgrabungen in Gizeh, Ägypten, entdeckten Archäologen 1928 einen mit merkwürdigen Zeichen versehenen Torbogen, auf dessen Herkunft und Bedeutung sie sich keinen Reim machen konnten. Zusammen mit ihrem Vater, Dr. Lindfort, wird ein kleines Mädchen namens Catherine Zeugin der Entdeckung und nimmt ein unbedeutend erscheinendes Medaillon mit dem Zeichen des Sonnengottes Ra an sich.

In der Gegenwart (geht man von dem Entstehungsdatum des Films aus, also etwa 65 Jahre später) hält der junge Ägyptologe und Sprachforscher Dr. Daniel Jackson einen Vortrag, mit dem er seine konservativen Kollegen darauf hinzuweisen versucht, dass aufgrund verschiedener Indizien die ägyptischen Pyramiden vermutlich nicht von den Pharaonen der vierten Dynastie erbaut wurden, sondern bereits wesentlich älter als bislang angenommen seien. Es gelingt ihm jedoch nicht, überzeugend aufzutreten. Sein Vortrag wirkt holperig und unbeholfen, er erntet nur Spott und Häme. Er wundert sich sogar, ob es irgendwo etwas umsonst gäbe, weil alle den Saal verlassen. Damit ist seine erst beginnende Karriere praktisch schon beendet. Er wird als Spinner abgetan und ist darüber hinaus völlig mittellos.

Unter den Zuhörern befindet sich auch eine alte Frau, die Jackson nach seinem Vortrag in ihren Wagen bittet. Zwar stellt sie sich nicht vor, doch aufgrund des Medaillons, das sie trägt, kann man erkennen, dass es sich um Catherine Lindfort handelt. Sie bietet Jackson einen Job als Übersetzer uralter Hieroglyphen an, mit dem er auch beweisen könnte, dass seine Theorien richtig seien. Aufgrund seiner finanziellen Situation bleibt ihm keine andere Wahl, als das Angebot anzunehmen.

Derweil suchen zwei Soldaten aus dem Stab von General West Colonel Jack O'Neill auf. Dieser hat sich vom Dienst auf unbefristete Zeit beurlauben lassen, wirkt heruntergekommen und ungepflegt. Er hat jegliche Freude am Leben verloren, seit sich sein Sohn Charlie beim Spielen aus Versehen mit seiner Dienstwaffe erschoss. Die beiden Militärs teilen ihm mit, dass er reaktiviert worden sei.

Daniel Jackson trifft in einer geheimen militärischen Anlage unter dem Creek Mountain, Colorado ein. Er wird von einem Lieutenant Kawalsky empfangen. Nach einem Niesanfall teilt er diesem mit, dass er an einer Reiseallergie leide. Man führt Jackson zu einer gewaltigen runden Abdeckplatte aus Stein, die mit seltsamen Schriftzeichen bedeckt ist und ursprünglich den 1928 entdeckten Metallring umgab. Auch die alte Frau, von der Jackson angeheuert wurde, trifft er hier wieder. Er stellt fest, dass es sich bei den Zeichen nicht um ägyptische Hieroglypen, sondern eine weitaus ältere Schriftform handelt. Zur Verblüffung der anwesenden Wissenschaftler korrigiert er erst einmal deren bisherige Übersetzungsversuche. Nach seiner Interpretation ergibt die Inschrift die Aussage: „Millionen Jahre in diesem Himmel ist Ra, der Sonnengott, versiegelt und begraben für alle Zeit." Die Bedeutung weiterer Zeichen identifiziert er als „StarGate", SternenTor.

Uniformiert, frisch rasiert und mit kurzgeschnittenen Haaren betritt Colonel O'Neill den Raum. Seine neue Aufgabe hat ihn offenbar wieder einen Sinn im Leben finden lassen. Mit militärischem Übereifer macht er sich an die Arbeit und erklärt, dass er von nun an das Unternehmen leiten würde. Sämtliche Informationen über das Projekt wären geheim und dürften ohne seine Zustimmung nicht mehr an Zivilpersonen weitergegeben werden.

Jackson arbeitete trotzdem weiter an einer Entschlüsselung der Zeichen, kann jedoch keine Übereinstimmungen mit irgendeiner bekannten Schrift feststellen. In einer Zeitung entdeckt er zufällig eine Sternkarte des Orion-

Systems. Die untereinander verbundenen Sterne ergeben dasselbe Bild wie eines der Zeichen. Damit ist ihm der entscheidende Durchbruch gelungen. Sämtliche Zeichen stellen Sternenkonstellationen dar und bilden dadurch eine Art Adresse, einen Wegweiser. Sechs Zeichen sind nötig, um einen Ort im dreidimensionalen Raum festzulegen, hinzu kommt ein weiteres, um den Ursprungsort zu markieren.

Man zeigt Jackson den Metallring, der unter den Abdecksteinen verborgen war. Die ursprüngliche Steuerung, die nicht gefunden wurde, ist durch aufwendige Computersysteme ersetzt worden. Die von Jackson entschlüsselten Zeichen werden eingegeben, und das SternenTor öffnet sich. Ein mit einer Kamera ausgestattetes Roboterfahrzeug wird hindurchgeschickt. Die Geräte zeigen an, dass der Roboter in eine andere Galaxie versetzt wurde. Die Kamera zeigt, dass sich auch dort ein ähnliches Tor befindet.

Man beschließt, ein schwer bewaffnetes militärisches Einsatzkommando unter Leitung von O'Neill zur Sondierung der Lage auf die andere Seite zu schicken. Auch Jackson wird dem Team zugeteilt, um die dortigen Zeichen zu entziffern und eine Rückkehr zu ermöglichen.

Es erweist sich jedoch als eine etwas voreilige Behauptung, dass er dies könnte. Der Transport bringt das Einsatzkommando in einen Tempel am Fuß einer riesigen Pyramide auf einem Wüstenplaneten, doch nirgendwo sind Schrifttafeln mit den Zeichen zu finden, die Jackson benötigt, um die Koordinaten für eine Rückkehr einzustellen. Die Marines sind über diese Nachricht alles andere als glücklich, es kommt sogar zu gewaltsamen Übergriffen gegen ihn. Während ein Basislager errichtet wird, kehrt O'Neill zum SternenTor zurück. Unter den mitgeführten Ausrüstungsgegenständen befindet sich auch eine Atombombe, von der nur er weiß, und die er nun zusammensetzt.

Im Sand entdeckt Jackson die Fußspuren eines Tieres und folgt ihnen. Das Wesen entpuppt sich als eine Art Mischung aus einem Dromedar und einem prähistorischen Mastodon. Vor allem aber trägt es ein Geschirr, in dem Jackson sich prompt verheddert und mitgeschleift wird, als das Tier durchgeht, verfolgt von O'Neill und einigen weiteren Marines. Erst dicht vor einer riesigen Tagebaumine, in der Hunderte von altertümlich gekleideten Menschen schuften, bleibt es stehen.

Vor seinem Aufbruch hat Catherine ihr Medaillon mit dem Zeichen des altägyptischen Gottes Ra darauf Jackson als Glücksbringer mitgegeben. Als die Fremden es erblicken, fallen sie demütig auf die Knie. Eine Verständigung scheitert zunächst, selbst Jackson kann den fremden Dialekt nicht verstehen. Kasuf, der Anführer der Wüstenmenschen, bringt sie zu einer Stadt, die ganz aus riesigen Felsquadern erbaut wurde. Dort entdeckt Jackson eine große Scheibe, die das gleiche Symbol wie sein Medaillon zeigt, und er begreift, dass die Wüstenmenschen glauben, Ra hätte sie geschickt.

Vor einem Sturm müssen die zurückgebliebenen Soldaten in den Tempel fliehen, der Funkkontakt reißt ab. Sie bekommen nicht mit, dass ein riesiges Raumschiff über ihnen landet, so groß, dass es sich über die gesamte Pyramide stülpt. Sämtliche Marines werden von unbekannten Gegnern, die metallene, archaisch aussehende Helme tragen, die dem Kopf eines Schakals nachgebildet sind, entweder getötet oder gefangen genommen.

Derweil freundet sich O'Neill trotz der Verständigungsprobleme mit einem Jungen namens Skaara an, während Jackson, den die Wüstenmenschen aufgrund seines Medaillons wohl für den Anführer der Ankömmlinge halten, zur Versüßung seines Aufenthalts die Tochter von Kasuf angeboten wird. Er behält sie bei sich, um seine

Gastgeber nicht zu brüskieren, doch obwohl er Gefallen an ihr findet, lehnt er ihre Liebesdienste ab. Statt dessen versucht er sich mit ihr zu verständigen, um wenigstens Grundbegriffe ihrer Sprache zu erlernen. Er erfährt, dass sie Sha'uri heißt und es den Wüstenmenschen streng verboten ist zu schreiben. Dennoch überwindet sie sich, und korrigiert eines der Zeichen, die Jackson in den Sand gemalt hat. Sie hat es offensichtlich schon einmal gesehen, und er bittet sie, ihm zu zeigen, wo es sich befindet.

Sie führt ihn in eine geheime Höhle, deren Wände von zahlreichen entsprechenden Zeichen bedeckt sind. Jackson gelingt es, die Hieroglyphen zu entziffern. Er erklärt O'Neill, dass sie von einem Reisenden namens Ra berichten, der einst von einer sterbenden Welt auf die Erde kam und seinen Geist in den Körper eines jungen Mannes versetzte. Er schwang sich zum Herrscher und Gott auf, brachte Tausende Menschen durch das SternenTor nach Abydos, den Planeten, auf dem sie sich gerade befinden, und zwang sie, als Sklaven für ihn in Minen Erz abzubauen, das als Grundstoff für seine überlegene Technologie unentbehrlich war. Dann jedoch gab es auf der Erde einen Aufstand, und das SternenTor wurde in der Wüste vergraben. Damit sich dies auf Abydos nicht wiederholte, verbot Ra seinen Sklaven das Lesen und Schreiben, damit die Geschichte in Vergessenheit geriet.

In der Höhle findet sich auch eine Tafel mit den Symbolen, die Jackson benötigt, um das SternenTor für die Rückkehr zur Erde zu programmieren. Das siebte Zeichen jedoch ist unvollständig.

Die Soldaten machen sich auf den Rückweg zum Lager, wobei Sha'uri Jackson traurig nachblickt. Sie entdecken das gewaltige pyramidenförmige Raumschiff. Es kommt zu einem Kampf mit den geheimnisvollen Maskenträgern. Skaara, der ihnen heimlich gefolgt ist, beobachtet, wie auch sie gefangen genommen werden. Mittels eines aus mehreren übereinander schwebenden Ringen bestehenden Transportsystems werden O'Neill und Jackson an Bord des Raumschiffs „gebeamt". Ra, der seit Jahrtausenden nicht gealtert ist, präsentiert sich ihnen in einem pompös inszenierten Auftritt. In seinem Besitz befindet sich auch die Atombombe, von deren Existenz Jackson erst jetzt erfährt. Es kommt zu einem kurzen Kampf, bei dem Jackson getötet wird.

Um an den Wüstenbewohnern ein Exempel zu statuieren, lässt Ra ihre Stadt von Kampfgleitern bombardieren, doch erreicht er das genaue Gegenteil damit. Sha'uri berichtete Skaara und den anderen Jugendlichen, dass Ra kein Gott wäre und ruft sie zum Widerstand auf.

Unterdessen erwacht Jackson in einem merkwürdigen Sarkophag. Ra teilt ihm mit, dass ihm an der menschlichen Rasse vor allem gefällt, dass ihre Körper so einfach zu reparieren wären, was auch seine Unsterblichkeit erklärt. Er kündigt an, zur Strafe für seine damalige Vertreibung die Atombombe zusammen mit etwas von dem hier abgebauten Erz, das ihre Wirkung verhundertfachen würde, zur Erde zurückzuschicken.

Der Grund, aus dem er Jackson wieder zum Leben erweckt hat, ist einfach. Er verlangt von ihm, dass dieser seine Gefährten vor den Augen der am Tempel zusammengerufenen Wüstenmenschen tötet, um sein eigenes Leben zu retten. Damit will Ra demonstrieren, dass nur er ein echter Gott ist. Doch es kommt ganz anders. Bei den Abydoniern, die sich am Fuß der Pyramide versammeln, um der Hinrichtung beizuwohnen, handelt es sich ausschließlich um die Aufständischen unter der Führung Skaaras, die die im Basislager zurückgelassenen Waffen an sich gebracht haben. Sie greifen Ras Krieger an und befreien Jackson, O'Neill und die anderen.

Die Soldaten sind nicht gerade glücklich, als sie von der Bombe erfahren. O'Neill teilt ihnen mit, er hätte den geheimen Auftrag gehabt, das SternenTor in die Luft zu sprengen, wenn er Anzeichen einer Gefahr für die Erde entdeckt hätte. Während die anderen sofort zurückkehren sollten, handelte es sich für ihn um eine Selbstmordmission. Er ist entschlossen, die Bombe zurückzuerobern und sie doch noch hier zu zünden, ehe sie zur Erde geschickt werden kann. Da dies auch den Tod zahlreicher Abydonier bedeuten würde, bemüht sich Jackson, ihm das auszureden, vor allem, nachdem er zu seiner Verblüffung erfährt, dass Sha'uri zu seiner Ehefrau wurde, nachdem er sie in der vergangenen Nacht als Geschenk akzeptiert hatte. Kurz darauf beobachtet Jackson, wie Skaara mit Kreide das heimliche abydianische Zeichen für einen Sieg an eine Wand malt. Es handelt sich um eine Pyramide mit drei Monden darüber und ist das fehlende Symbol für das SternenTor.

Kasuf versucht die aufständischen Jugendlichen zu überreden, von ihrem Tun abzulassen, da sie Verderben über sein ganzes Volk bringen würden. Erst als Jackson einem toten Krieger Ras die Maske abnimmt und zeigt, dass es sich auch nur um einen Menschen handelt, ändert sich seine Einstellung. Dennoch weigert Kasuf sich, sich mit dem Großteil seines Volkes, den Rebellen anzuschließen.

Diese dringen gewaltsam in den Tempel vor. Zu Jacksons Verzweiflung wird Sha'uri bei dem Kampf getötet. Mittels der Transportringe beamt Ra einen seiner Diener mit der Bombe zum SternenTor, um diese wie angedroht zur Erde zu schicken, doch wird sie von O'Neill abgefangen. Jackson gelangt zusammen mit der toten Sha'uri durch die Transportringe an Bord des Raumschiffs, wo er ihren Leichnam in den Sarkophag legt, durch den auch er schon gerettet wurde. Auch Sha'uri erwacht wieder zum Leben.

Vor der Pyramide tobt ein erbitterter Kampf. Als auch Kasuf und seine Leute schließlich doch noch eingreifen, beschließt Ra zu fliehen. Das Raumschiff startet, doch zuvor kehren Jackson und Sha'uri in den Tempel zurück. Dort bemüht sich O'Neill vergebens, die Bombe zu entschärfen, doch hat Ra sie so manipuliert, dass dies unmöglich ist. Wenige Sekunden vor Ablauf des Countdowns beamen sie sie an Bord des startenden Raumschiffs, das von der Explosion zerstört wird.

Ra ist tot, die Abydonier haben ihre Freiheit zurückgewonnen. Zusammen mit den übrigen überlebenden Soldaten kehrt O'Neill durch das SternenTor zur Erde zurück. Jackson hingegen beschließt, bei den Wüstenmenschen auf Abydos zu bleiben.

Bemerkungen:

Lange hatte Emmerich warten müssen, um „StarGate“ realisieren zu können, aber der Erfolg belohnte die Geduld, mit der er an dem Projekt festgehalten hatte. Der Film weist beeindruckende Bilder auf, und Emmerich weiß sie stet so geschickt in Szene zu setzen, dass er die größtmögliche Wirkung damit erzielt. Obwohl der Film ziemlich handlungsarm beginnt und mit seinen umfangreichen Erklärungen im ersten Drittel deutliche Längen aufweist, wird er deshalb nie langweilig und steigert sich schließlich immer mehr zu einem furiosen Finale.

Dabei bietet er im Grunde wenig Neues. Die SternenTore sind nichts anderes als Transmitter, die schon seit Jahrzehnten zum Standard-Repertoire des Science Fiction gehören. Die Idee, dass Außerirdische einst die Erde besuchten und von unseren Vorfahren als Götter verehrt wurden, haben Erich von Däniken und andere bereits in zahlreichen Büchern publik gemacht. Nie zuvor wurden diese Ansätze jedoch in einem Film miteinander kombiniert und mit solchem Aufwand in Szene gesetzt. Herausgekommen ist eine faszinierende Mischung aus Space Opera, Action- und Sandalenfilm. Selbst die recht umständlichen Bemühungen des SG-Teams, sich mit den Einwohnern von Abydos zu verständigen, sind noch spannend, weil der Zuschauer begierig darauf ist, mehr Informationen über die Hintergründe zu erhalten. Nicht zuletzt hat auch James Spader großen Anteil daran. Ihm gelingt es, Daniel Jackson als einen brillanten, wenngleich oft etwas unbeholfen wirkenden Wissenschaftler darzustellen, der von Anfang an die Sympathie des Publikums auf seiner Seite hat. Insofern ist er Identifikationsfigur und der eigentliche Held des Films, während der von dem wesentlich bekannteren Kurt Russel gespielte O'Neill ein zynischer, innerlich gebrochener Mann ist, der mit seinem wortkargen, militärischen Auftreten kaum Sympathien erringen kann und erst gegen Ende mehr Profil gewinnt.

James Spader wurde am 7. Februar 1960 in Boston, Massachusetts, als Sohn eines Lehrers geboren. Nach dem Ende seiner Schauspielausbildung hielt er sich mit diversen Jobs über Wasser, ehe er sein Debüt in dem Teenager-Film „Endless Love“ (Endless Love, USA 1981) gab. Weitere eher unbedeutende Rollen folgten. Etwas mehr Aufsehen erregte er erst mit zwei weiteren Teenie-Filmen, in denen er den negativen Gegenpart von Andrew McCarthy spielte: in „Pretty In Pink“ (Pretty In Pink, USA 1986) als gelangweilter, zynischer Millionärssohn, und in „Mannequin“ (Mannequin, USA 1987), wo er mit pomadeglänzendem Haar einen schmierigen Yuppie spielt, der die Besitzerin eines Kaufhauses dazu treiben will, es an die Konkurrenz zu verkaufen.

Einen wirklichen Durchbruch schaffte er jedoch erst zusammen mit Andie McDowell mit dem Film „Sex, Lügen und Video“ (Sex, Lies, And Videotapes, USA 1989), wo er einen besessenen Voyeur spielt, der die intimen Geständnisse anderer auf Video aufnimmt. Sein nächster Film „Todfreunde“ (Bad Influence, USA 1990), wo er an der Seite von Rob Lowe spielte, erwies sich als Flop. Auch „Storyville“ (Storyville, USA 1992), dem hochgelobten Kinodebüt des „Twin Peaks“ – Miterfinders Mark Frost, in dem Spader die Hauptrolle spielte, blieb ein kommerzieller Erfolg versagt. Es folgten Nebenrollen in Filmen wie „Bob Roberts“ (Bob Roberts, USA 1992) und „Wolf“ (Wolf, USA 1994), doch mit allen weiteren Projekten schaffte es Spader nicht mehr, an den Erfolg von „StarGate“ anzuknüpfen.

Ganz anders erging es dem am 17. März 1951 in Springfield, Massachusetts geborenen Kurt von Vogel Russel, der seinen Namen später auf die bekannte Form verkürzte. Bereits als Kind stand er vor der Kamera, feierte an der Seite von Elvis Presley in dem Film „Ob Blond, ob Braun“ (It Happened At The World's Fair, USA 1962) sein Debüt. Obwohl er in zahlreichen TV-Serien mitspielte, wollte er eigentlich Baseball-Spieler werden, erst nach einer Schulterverletzung wechselte er ganz zur Schauspielerei.

Als Initialzündung für seine Karriere erwies sich die Zusammenarbeit mit dem Regisseur John Carpenter, der mit „Halloween – Die Nacht des Grauens“ (Halloween, USA 1978) einen überaus erfolgreichen Horrorfilm gedreht hatte. Insgesamt fünf gemeinsame Produktionen entstanden bis heute. In „Elvis – The King“ (Elvis, The Movie, USA 1979) stellte Russel eben jenen Elvis Presley dar, an dessen Seite er seine Karriere begann, doch war der Film nicht besonders erfolgreich. Ganz anders sah es zwei Jahre später mit „Die Klapperschlange“ (Escape From New York, USA 1981) aus. Der Film wurde ein Riesenerfolg; die Rolle des sich durch das zum riesigen Gefängnis umfunktionierten Manhattan durchkämpfenden Snake Plissken machte Russel quasi über Nacht zum Star. Im folgenden

Jahr entstand unter dem Titel „Das Ding aus einer anderen Welt“ (The Thing, USA 1982) ein Remake des SF-Films von Howard Hawks über eine außerirdische Lebensform, die jede beliebige Gestalt annehmen kann und die Besatzung einer Forschungsstation in der Antarktis dezimiert. Aufgrund seiner expliziten Splatterszenen und seiner düsteren Erzählweise, die zu dieser Zeit nicht besonders gefragt war, kam der Film zumindest in Amerika beim Publikum nicht gut an.

1985 arbeiteten Russel und Carpenter erneut zusammen, und zwar bei dem kunterbunten Genre-Mix „Big Trouble In Little China“ (Big Trouble In Little China, USA 1985). Der Film ist laut, grell und völlig übertrieben, eine wilde Achterbahnfahrt. Russel spielt einen Trucker, der wider Willen im modernen Amerika den Kampf gegen einen uralten chinesischen Dämon aufnehmen muss. Dabei kann sich der Film nie richtig entscheiden, ob er halbwegs ernst genommen werden will, oder eine Parodie auf die unzähligen Kung-Fu-Filme aus Asien darstellen soll, und obwohl er heute einen gewissen Kultstatus besitzt, war er damals nur ein mäßiger Erfolg.

Die bislang letzte Zusammenarbeit zwischen Russel und Carpenter stellte „Flucht aus L.A.“ (Escape From L.A., USA 1996) dar. Obwohl der Streifen eine Fortsetzung von „Die Klapperschlange“ sein sollte, handelt es sich dabei jedoch leider eher um einen müden Neuaufguss.

Interessanter sind andere Filme Russels. So spielte er neben Meryl Streep und Cher in dem Film „Silkwood“ (Silkwood, USA 1983), der Lebensgeschichte Karen Silkwoods, die in einem Atomkraftwerk arbeitete und unter nicht ganz geklärten Umständen starb, nachdem sie sich mit Informationen über Sicherheitslecks des Atomkraftwerks an die Öffentlichkeit gewandt hatte. Der Film kam sowohl bei der Kritik wie auch dem Publikum gut an.

Zwar kein richtiger Kassenschlager, aber dennoch recht erfolgreich war auch die Komödie „Overboard – Ein Goldfisch fällt ins Wasser“ (Overboard, USA 1987). Hier spielt Russel einen Zimmermann, der von einer zickigen Millionärsgattin (gespielt von seiner Lebensgefährtin Goldie Hawn, dem bislang einzigen gemeinsamen Film der beiden) um seinen Lohn betrogen wird. Als sie von ihrer Yacht fällt und das Gedächtnis verliert, rächt er sich an ihr, indem er behauptet, sie wäre seine Frau, und sie seinen Haushalt führen lässt – bis er sich schließlich Hollywood gerecht wirklich in sie verliebt.

Ebenfalls recht erfolgreich war die Krimi-Kommödie „Tango und Cash“ (Tango & Cash, USA 1991), wo Russel und Sylvester Stallone zwei denkbar unterschiedliche Polizisten spielen, die gemeinsam Opfer einer Intrige werden und fortan zusammenarbeiten müssen.

Unter den weiteren Filmen Russels ragen vor allem der Feuerwehr-Streifen „Backdraft – Männer, die durchs Feuer gehen“ (Backdraft, USA 1991) und der Western „Tombstone“ (Tombstone, USA 1993) heraus. Bis heute ist er ein fleißiger und äußerst beliebter Schauspieler.

Ganz anders erging es Jaye Davidson, dem Darsteller des Ra. Großes Aufsehen erregte er in dem Film „Crying Game“ (The Crying Game, USA 1992) des Regisseurs Neil Jordan. Darin geht es um einen IRA-Kämpfer, der nach dem Mord an einem Engländer aus der Terrorszene aussteigen möchte und sich in eine Frau namens Dil verliebt, dann jedoch herausfindet, dass diese von Davidson gespielte Frau in Wahrheit ein Transvestit ist, ihr aber trotzdem die Treue hält, als ihn seine Vergangenheit einholt und Dil dabei ebenfalls in Gefahr gerät. Trotz der Erfolge von „Crying Game“ (wo er für seine Rolle sogar eine Oscar-Nominierung erhielt) und „StarGate“ blieben weitere Angebote für Davidson aus, er spielte lediglich noch in dem Erotikfilm „Catwalk“ (Italien 1995).

SF-Fans bestens bekannt ist hingegen Erick Avari, der Darsteller des Kasuf. Er spielte als Gaststar in zahlreichen Fernsehserien mit, vor allem im phantastischen Bereich, darunter „Superman – Die Abenteuer von Lois & Clark“ (Lois & Clark – The New Adventures Of Superman), „Babylon 5“ (Babylon 5), „Star Trek: Das nächste Jahrhundert“ (Star Trek: The Next Generation) sowie „Star Trek: Deep Space Nine“ (Star Trek: Deep Space Nine). Auch in Emmerichs Film „Independence Day“ spielt er eine Nebenrolle. Er ist einer der wenigen Darsteller, die ihre Rolle sowohl im Kinofilm „StarGate“ wie auch in der Serie verkörpern.

John Diehl, der Darsteller von Lieutenant Kawalsky, spielte zwar Nebenrollen in mehreren Kinofilmen, wurde aber nur durch eine Rolle bekannt, nämlich die des Polizisten Larry Zito, den er von 1984 – 1987 in der Krimi-Serie „Miami Vice“ (Miami Vice) verkörperte.

Durch den enormen Erfolg von „StarGate“ hauchte Emmerich dem zu dieser Zeit im Kino nicht gerade besonders erfolgreichen SF-Genre neues Leben ein, zumal gleichzeitig auch „Star Trek – Treffen der Generationen“ (Star Trek: Generations, USA 1994) sehr erfolgreich startete. Mit „Independence Day“ legte Emmerich zwei Jahre später noch einmal kräftig nach.

Bei aller Begeisterung über „StarGate“ darf man jedoch nicht übersehen, dass der Film eine Reihe von Unstimmigkeiten enthält. So haben die Krieger Ras Helme auf, die Schakalköpfen nachgebildet sind, dabei wird Ra, der ägyptischen Mythologie zufolge, mit einem Falkenkopf dargestellt.

Bei aller Brillanz Daniel Jacksons bleiben einige seiner Erfolge zumindest sehr zweifelhaft. Als er erstmals mit den uralten Schriftzeichen konfrontiert wird, behauptet er, sie besäßen keinerlei Übereinstimmung mit bekannten Schriften. Dennoch bereitet es ihm keinerlei Schwierigkeiten, wenige Sekunden später die angefertigte Rohübersetzung zu korrigieren. Das muss wohl eine göttliche Eingebung aus heiterem Himmel gewesen sein, aber hier handelt es sich um kleinere Schwächen, die dem Film in seiner Gesamtheit keinen Abbruch tun.

DIE ADOPTIV-VÄTER: JONATHAN GLASSNER & BRAD WRIGHT

Nachdem die Entscheidung gefallen war, aus dem Film „StarGate“ eine TV-Serie zu machen, wurde die Entwicklung dieser Serie in die Hände von Jonathan Glassner und Brad Wright gelegt, die damit zu den Adoptiv-Vätern der Serie wurden.

Beide hatten bereits zuvor in verschiedenen Aufgabenbereichen für andere Serien gearbeitet. Unter anderem arbeitete Glassner für den einflussreichen Serienproduzenten Stephen J. Cannell. Er schrieb Drehbücher und entwickelte Ideen. An der Serie „21 Jump Street“ arbeitete er erstmals auch als Produzent mit.

Nach der Einstellung dieser Serie schrieb Glassner weiterhin Drehbücher und entwickelte für *Showtime* eine Neuauflage von „Outer Limits“, eine Serie ohne feste Hauptdarsteller und mit völlig in sich abgeschlossenen Folgen aus dem übernatürlichen Bereich, ähnlich wie „Twilight Zone“. Zweimal führte er für diese Serie auch Regie. „Outer Limits“ hatte international großen Erfolg, was dazu führte, dass man auch das Projekt „StarGate“ in seine Hände legte.

Ihm zur Seite wurde der Kanadier Brad Wright gestellt, der ebenfalls bereits bei „Outer Limits“ mitgearbeitet hatte. Darüber hinaus hat er als Autor bereits für Serien wie „Highlander“, „Nick Night“ und „Poltergeist“ geschrieben und vor allem bei „Highlander“ ganze Handlungsstränge entwickelt. Zudem war er Anfang der 90er Jahre Co-Produzent der 24-tlg. Serie „Neon Rider“. Darin zieht sich ein Professor mit straffällig gewordenen Jugendlichen in die Einsamkeit zurück, um sie hier, weitab von ihrem sozialen Umfeld, zu resozialisieren. Peter Williams, der

Darsteller von Apophis, spielte damals einen dieser Jugendlichen.

Glassner und Wright entwickelten zusammen auf der Basis des Kinofilms das Konzept zu „StarGate Kommando SG-1“, schrieben Drehbücher zu mehreren Episoden. Glassner führte mehrfach selbst Regie, und beide arbeiten auch heute als Executive Producer für die Serie.

DAS ADOPTIVKIND: STARGATE KOMMANDO SG-1

Natürlich bildet der Kinofilm „StarGate“ die Basis der Geschichte. Um jedoch eine Fernsehserie mit mindestens fünf Staffeln, also über hundert Episoden, daraus zu machen, musste der Background erheblich erweitert werden.

Ra war getötet worden und schied somit als Gegner aus. Aber wenn er als Außerirdischer einst die Erde besucht und sich als Gott verehren ließ, warum sollten die anderen Götter nicht ebenfalls Angehörige seines Volkes sein? Die Goa'uld wurden als eine Rasse wurmartiger Parasiten konzipiert, die jeden Menschen als Wirt übernehmen und sein eigenes Bewusstsein versklaven können. Als Hauptgegner tritt Apophis an die Stelle von Ra, doch auch andere auf der Erde einst als Götter verehrte Goa'uld tauchen nach und nach auf.

Das SternenTor war ursprünglich nur eine Straße zwischen Abydos und der Erde. Nun wurde gewissermaßen ein Autobahnsystem daraus, das unzählige Planeten überall in der Galaxis miteinander verbindet. Die Menschen hatten sich als ideale Wirtskörper erwiesen, dass sie von den Goa'uld auf viele dieser Planeten verschleppt wurden. Nun greifen die außerirdischen Despoten erneut nach der Erde.

Um die durch das SternenTor erreichbaren Welten zu erforschen und Informationen zu sammeln, wie man sich der Bedrohung erwehren kann, und gegebenenfalls Verbündete zu finden, werden mehrere SG-Teams gebildet, wobei die Serie sich auf die Erlebnisse von SG-1 konzentriert. Geleitet wird das Team von Colonel Jack O'Neill, der auch schon im Film das Kommando bei der Expedition nach Abydos hatte. Die Rolle von Kurt Russel übernimmt

Richard Dean Anderson. In der Serie ist O'Neill mittlerweile geschieden, hat aber die Verzweiflung über den Tod seines Sohnes überwunden. Er trägt sich nicht länger mit Selbstmordgedanken, sondern hat wieder Freude am Leben gefunden. Selbst in den ausweglosesten Situationen hat er meist noch einen sarkastischen Spruch auf den Lippen.

Ihm zur Seite steht, ebenso wie im Film, Dr. Daniel Jackson. Da dieser jedoch auf Abydos zurückgeblieben ist und geheiratet hat, wird seine Frau Sha'uri von Apophis entführt, und ihr wird ein Goa'uld-Parasit eingesetzt. Daniels Bemühungen gelten hauptsächlich dem Ziel, sie zu finden und zu befreien.

Ihnen zur Seite steht die einzige Frau des Teams, Samantha Carter. Sie ist Astrophysikerin und ausgebildete Militärpilotin. Während des Golfkriegs flog sie rund hundert Einsätze. Anfangs ist O'Neill ihr gegenüber voreingenommen, weil sie erstens Wissenschaftlerin und zweitens eine Frau ist, doch seine Einstellung ändert sich schnell.

Die vierte Person im Team ist Teal'c, ein Jaffa. Jaffa sind Diener der Goa'uld, die die Larve eines Parasiten in sich tragen, sozusagen ein Goa'uld-Baby, das noch keinen Einfluss auf das Bewusstsein des Wirtes nehmen kann. Teal'c stammt vom Planeten Chulak und ist Apophis ranghöchster Jaffa, er hat jedoch erkannt, dass Apophis ein falscher Gott ist, dessen Überheblichkeit und Grausamkeit ihn abstößt. Als er mehr als fünfzig Unschuldige hinrichten soll, schlägt sich Teal'c auf die Seite der Menschen und reist mit O'Neill und den anderen zur Erde. Nachdem er seine Loyalität bewiesen hat, wird er auf Wunsch O'Neills Mitglied bei SG-1. Teal'c lächelt so gut wie nie und spricht nicht mehr, als unbedingt nötig ist.

Genau wie elf andere SG-Teams unternehmen diese vier als SG-1 immer wieder Reisen durch das SternenTor zu fremden Welten.

DIE PATEN: DIE CREW

Der Erfolg einer Fernsehserie beruht auf dem Zusammenspiel Dutzender, manchmal Hunderter Leute. Am bekanntesten sind die Schauspieler, aber auch hinter den Kulissen tragen zahlreiche Leute ihren Teil dazu bei, dass die fertigen Episoden schließlich über die Bildschirme flimmern können, obwohl der Zuschauer sie gewöhnlich nie zu sehen bekommt. Man könnte sie als Paten bezeichnen, die dafür sorgen, dass das Projekt reibungslos läuft. Die wichtigsten Aufgaben nehmen bei „StarGate Kommando SG-1" folgende Leute wahr:

Executive Producers: Jonathan Glassner & Brad Wright
Co-Executive Producer: Michael Greenburg
Producer: N. John Smith
Executive Story Consultant: Katharyn Powers
Executive Story Editor: Robert C. Cooper
Post Production Consultant: R. Michael Eliot
Casting: Mary Jo Slater & Paul Weber
Canadian Casting: Carol Kelsay

Den Schauspielern kommt dabei eine besondere Bedeutung zu. Sie müssen die Vorgaben der Drehbuchautoren umsetzen; sie erwecken die Personen erst zum Leben. Aus diesem Grund verdienen es die Darsteller der Hauptpersonen, gesondert vorgestellt zu werden.

Richard Dean Anderson:
Anderson, der als Darsteller von Colonel Jack O'Neill in die Fußstapfen von Kurt Russel tritt, wurde am

23. Januar 1950 in Minneapolis, Minnesota, als ältester von vier Brüdern geboren. Schon als Kind war er abenteuerlustig und zog sich ständig irgendwelche Verletzungen zu. Sein Ziel war es, Eishockey-Profi zu werden, doch mit sechzehn Jahren zog er sich einen komplizierten Bruch des linken Ellbogens zu, der seine sportlichen Ambitionen zerstörte.

Stattdessen studierte er Dramaturgie an der St. Cloud State University und anschließend an der Ohio University. Kurz vor seiner Abschlussarbeit hängte er das Studium jedoch an den Nagel und schloss sich in San Francisco der Hippie-Bewegung an.

Schließlich zog er nach Los Angeles, wo er sich mit Nebenjobs über Wasser hielt, während er erste Rollen am Theater spielt. 1976 wurde das Fernsehen auf ihn aufmerksam, und er erhielt die Rolle des Dr. Webber in der Ärzte-Serie „General Hospital", die er fünf Jahre lang spielte. Er spielte verschiedene kleinere Rollen in Fernsehproduktionen, doch der endgültige Durchbruch gelang ihm erst, als er 1985 die Hauptrolle einer anderen Serie erhielt: „MacGyver". Hier spielt er den Titelheld Angus MacGyver, einen ehemaligen Geheimagenten, der weitgehend auf Waffen verzichtet, und seine Fälle mehr mit Köpfchen, und vor allem einem Talent, aus den einfachsten Hilfsmitteln die kompliziertesten technischen Gerätschaften zu bauen, löst. Die Serie kam sowohl beim Publikum als auch bei den pädagogisch orientierten Kritikern gut an. MacGyver lief sieben Jahre lang mit großem Erfolg und machte Anderson einem breiten Publikum bekannt, ehe Anfang 1992 schließlich die letzte Episode ausgestrahlt wurde.

Gründe für die Einstellung waren ausnahmsweise keine schlechten Einschaltquoten; im Gegenteil, der Sender hätte gerne weiter gemacht. Co-Star Dana Elcars Gesundheitszustand verschlechterte sich jedoch immer mehr, und er erblindete fast, so dass es ihm unmöglich war, seine Rolle weiter zu spielen. Auch Anderson wollte sich allmählich ein anderes Aufgabengebiet suchen; er wollte bei „MacGyver" aufhören, bevor der Erfolg der Serie nachließ.

Er spielte anschließend in verschiedenen TV-Produktionen mit, ohne damit sonderliches Aufsehen zu erregen. Darunter befanden sich auch zwei MacGyver-Spielfilme. Die von der von ihm und Michael Greenburg gegründeten Firma *Gekko Film Corporation* produzierte Serie „Legend", in der er die Hauptrolle spielte, war im amerikanischen Fernsehen ein Misserfolg, und die erste Staffel wurde nicht einmal komplett ausgestrahlt. Richard Dean Andersons Stern war im Sinken begriffen.

Das änderte sich erst 1996, als er das Angebot erhielt, bei „StarGate Kommando SG-1" die Hauptrolle zu spielen. Außerdem sollte *Gekko Film* die Serie produzieren. Anderson nahm das Angebot an, und die Serie entwickelte sich mit bis heute anhaltendem Erfolg.

Michael Shanks:

Michael Shanks, der Darsteller von Daniel Jackson, wurde 1971 in Vancouver, Kanada, geboren. Er studierte Wirtschaftswissenschaft, entdeckte dann aber sein Interesse an der Schauspielerei und begann auch dieses Fach zu studieren. Ein Jahr später brach er sein Wirtschaftsstudium ab und konzentrierte sich ganz auf die Schauspielerei. Nach seinem Abschluss erhielt er ein Engagement am Stratford Shakespeare Festival in Toronto, wo er für verschiedene Produktionen auf der Bühne stand.

Anders als in den USA gibt es in Kanada nicht allzu viele Schauspieler, gemessen an der Vielzahl der Produktionen, die dort mittlerweile gedreht werden. Shanks bekam kleinere Gastauftritte in verschiedenen Serien und spielte auch in zwei Spielfilmen mit, ohne dadurch allerdings Aufsehen zu erregen.

Seine große Chance kam, als ein kanadischer Schauspieler für die Rolle des Dr. Daniel Jackson bei „StarGate Kommando SG-1“ gesucht wurde. Shanks bewarb sich und erhielt die Rolle, wobei ihm neben seinen schauspielerischen Fähigkeiten vor allem seine unverkennbare Ähnlichkeit mit James Spader zugute kam.

Amanda Tapping:

Amanda Tapping, die Captain Samantha Carter spielt, wurde in Rochford, England geboren, zog jedoch schon in jungen Jahren mit ihren Eltern nach Toronto, Kanada. Genau wie ihr Vater zeigte sie schon früh eine Begabung für Naturwissenschaften und gewann mehrere entsprechende Wettbewerbe. Ihre wahre Leidenschaft aber galt stets der Schauspielerei, und sie entschied sich für ein entsprechendes Studium. Als sie nach vier Jahren ihren Abschluss erhielt, nahm sie einige Theaterengagements an. Aus einer antikommerziellen Haltung heraus, die sie sich leisten konnte, weil sie während des Studiums von ihren Eltern unterstützt worden war, betrachtete sie die Bühne als eine künstlerische Hochburg und sah dort ihre Zukunft. Auf Film und Fernsehen blickte sie verächtlich herab. Nach dem Ende ihrer Ausbildung aber musste sie lernen, finanziell auf eigenen Beinen zu stehen, und dazu reichten die geringen Honorare, die am Theater gezahlt wurden, nicht aus. Sie war gezwungen, in Werbespots mitzuspielen, doch änderte sich durch diese Arbeit ihre grundsätzliche Einstellung zum Fernsehen.

Fortan spielte sie als Gaststar in diversen Serien wie „Nick Knight“, „Kung Fu – Im Zeichen Des Drachen“. „Ausgerechnet Chicago“ und „Akte X“ mit, sowie in mehreren für das Fernsehen produzierten Spielfilmen.

Schließlich erfuhr sie von der geplanten Serie zu „Star-Gate“ und bewarb sich für die Rolle Sam Carters. Dabei kam ihr wissenschaftlicher Background ihr zugute, da auch Carter trotz ihrer Zugehörigkeit zum Militär in erster Linie Wissenschaftlerin ist.

Christopher Judge:

So wenig man zu Beginn der Serie über den Jaffa Teal'c weiß, der sich von Apophis abwendet und auf die Seite der Menschheit stellt, so wenig ist auch über seinen Darsteller Christopher Judge bekannt. Er lernte die Schauspielerei am Howard Fine Studio in Los Angeles und trat bereits seit den achtziger Jahren als Nebendarsteller in zahlreichen TV-Filmen und Serien auf, meist als Bösewicht. Dazu gehören unter anderem in den von Stephen J. Cannel entwickelten Serien „Kampf gegen die Mafia“ (Wiseguy) und „21 Jump Street“. Bei letzterer traf er auch schon mit Jonathan Glassner zusammen, der als Produzent für die Serie arbeitete und später zusammen mit Brad Wright „StarGate Kommando SG-1“ entwickelte. In der kanadischen Serie „Sirens“ hatte er eine dauerhafte Nebenrolle.

Im Kino war Judge unter anderem in „House Party 2“ (House Party 2, USA 1993) und neben Mel Gibson in „Ein Vogel auf dem Drahtseil“ (Bird On A Wire, USA 1991) zu sehen.

Auch **Don S. Davis,** der Darsteller von General Hammond, ist den Zuschauern kein Unbekannter. Er spielte bereits in unzähligen Serien und TV-Filmen mit. Bekannt wurde er vor allem als Darsteller des kauzigen Major Briggs' in David Lynchs Kultserie „Twin Peaks“.

ERSTE STAFFEL

Pilotfilm: DAS TOR ZUM UNIVERSUM
OT: CHILDREN OF THE GODS

Drehbuch: Jonathan Glassner, Brad Wright
Regie: Mario Azzopardi

Gaststars:
Major Charles Kawalsky – Jay Acovone
Apophis – Peter Williams
Sha'uri – Vaitiare Bandera
Skaara – Alexis Cruz

Inhalt:

Nach der Rückkehr von Abydos zur Erde behauptete Jack O'Neill seinem Vorgesetzten gegenüber, Daniel Jackson sei gestorben und das SternenTor sei nach ihrem Rücktransport automatisch zerstört worden. Damit wollte er verhindern, dass die Army eine weitere Bombe nach Abydos schickte, die zahlreiche Tote gefordert hätte. Niemand interessiert sich seitdem noch sonderlich für das Tor – bis zu dem Moment, in dem es von außen plötzlich aktiviert wird. Mehrere uniformierte Außerirdische, deren Helme den Köpfen von Schlangen nachgebildet sind, gelangen in den StarGate-Komplex, töten einige Wachposten und verschleppen den einzigen weiblichen Soldaten. Befehligt werden die Eindringlinge von einem Mann in goldener Rüstung, dessen Augen wie die Ras glühen.

General Hammond, der die Nachfolge von General West angetreten hat, verlangt eine Erklärung von O'Neill, der mittlerweile aus dem Dienst ausgeschieden ist. Als Hammond androht, eine weitere Bombe durch das Tor nach Abydos zu schicken, gesteht O'Neill, dass er gelogen hat. Angesichts dieser neuen Informationen gibt ihm der General die Möglichkeit, mit einem weiteren Einsatzkommando noch einmal durch das Tor zu reisen und mit Daniel Jackson Kontakt aufzunehmen. Neben Ferretti und Kawalsky, die schon an der ersten Mission teilgenommen haben, gehört dem Trupp auch die Astrophysikerin Captain Samantha Carter an, gegen die O'Neill zunächst Vorurteile hegt.

Als sie auf Abydos eintreffen, berichtet Daniel ihnen, dass das Tor ständig bewacht werde und von hier aus niemand zur Erde gereist sei. Allerdings habe er eine Tempelkammer entdeckt, deren Wände mit unzähligen fremden Schriftzeichen bedeckt seien. Er habe einige von ihnen entziffert und sei überzeugt, dass es sich um eine Karte zu einem gewaltigen Netz von SternenToren handle. Carter behauptet, dies wäre unmöglich, denn man hätte zahlreiche Kombinationen ausprobiert. Doch auch darauf hat Daniel eine Antwort:

Im Laufe der Jahrtausende hätten sich die Sterne voneinander fort bewegt und die Karte stimme nicht mehr. Abydos läge der Erde am nächsten, deshalb sei die Verschiebung hier nur geringfügig und eine Verbindung noch möglich. Um zu anderen Welten zu gelangen, müsse man die Koordinaten nur anpassen.

Während sie sich in dem Tempel befinden, wird das SternenTor aktiviert. Auch hier tauchen Außerirdische mit Schlangenhelmen auf. Wieder werden sie von dem goldenen Mann mit den glühenden Augen befehligt, sowie dessen engstem Vertrauten, den er Teal'c nennt. Sie töten mehrere Abydonier und entführen Daniels Frau Sha'uri und ihren Bruder Skaara. Der schwer verletzte Ferretti beobachtet, welche Symbole der Goldene eingibt, um durch das Tor zurückzukehren.

Daniel erkennt, dass er Sha'uri nur wiederfinden kann, wenn er O'Neill und den anderen zur Erde folgt. Er befiehlt den Abydoniern, das Tor zu verbarrikadieren und es erst in genau einem Jahr wieder freizulegen. Wenn er Sha'uri bis dahin gefunden habe, wolle er zurückkehren.

Auf der Erde erfährt O'Neill, dass man das SternenTor inzwischen mit einer aus Titan bestehenden Iris umgeben hat, die ein unbefugtes Eindringen verhindert, wenn nicht zuvor ein bestimmter Transmittercode gesendet wird.

Insgesamt neun SG-Kommandos werden gegründet, um friedlichen Kontakt zu Menschen anderer Welten aufzunehmen und Aufklärungsarbeit zu leisten. O'Neill kehrt in den aktiven Dienst zurück und übernimmt das Kommando über SG-1, zu dem auch Sam Carter und Daniel Jackson gehören.

Kawalsky befehligt SG-2. Ferretti kann ihnen mitteilen, welche Symbole der Goldene in das Tor auf Abydos eingegeben hat. Die beiden Einsatztrupps gehen durch das SternenTor, müssen jedoch innerhalb von vierundzwanzig Stunden zurückkehren, sonst werden ihre Transmittercodes gelöscht.

Sie gelangen nach Chulak, eine Welt mit einer Vegetation, die der auf der Nordhalbkugel der Erde gleicht. Während SG-2 den Auftrag erhält, das Tor zu sichern, erkundet SG-1 die nähere Umgebung. Von mönchsähnlichen Eingeborenen werden sie zu einer riesigen Burg gebracht, wo sie von Teal'c und seinen Männern gefangen genommen und zu zahlreichen anderen Gefangenen in den Kerker gesperrt werden. Es stellt sich heraus, dass die Außerirdischen wurmähnliche Parasiten mit Namen Goa'uld sind, die unter den Gefangenen Wirtskörper suchen. Die Gefährtin des Goldenen ergreift Besitz von

Sha'uri, nachdem sie zuvor die von der Erde entführte Soldatin abgelehnt hat.

Teal'c bemerkt O'Neills Armbanduhr, doch obwohl er sie als das Produkt einer hochwertigen Technologie erkennt, die nicht von den Goa'uld stammt, verrät er seine Entdeckung nicht. Daniel erklärt, dass es sich bei dem Goldenen nicht um Ra handeln würde, sondern um Apophis, den Schlangengott, der nach dem Glauben der alten Ägypter über die Nacht herrsche.

Weitere Gefangene, unter ihnen Skaara, werden als Wirte ausgewählt. Teal'c erhält den Auftrag, alle anderen Gefangenen zu töten. O'Neill beschwört ihn, ihm zu helfen, gemeinsam die Menschen zu retten. Teal'c erwidert, das hätten schon viele gesagt, doch O'Neill sei der erste, dem er es zutrauen würde. Mit seiner Stablanze eröffnet er das Feuer auf die anderen Wachen. Die Kerkerwächter werden getötet, die Gefangenen fliehen zum SternenTor, das auch das Ziel von Apophis und seinen Begleitern ist. Unterwegs erklärt Teal'c, er wäre ein Jaffa, ein Wesen, das die Larve eines Goa'ulds in sich trüge, bis diese voll entwickelt sei und die Kontrolle über ihn übernehmen werde.

Am SternenTor kommt es zu einem Kampf mit Apophis' Kriegern. Die Goa'uld, denen neben Sha'uri nun auch Skaara als Wirt dient, können jedoch entkommen. Wenige Sekunden vor Ablauf der gesetzten Frist können auch O'Neill und seine Begleiter, unter ihnen auch Teal'c, das SternenTor für die Rückkehr zur Erde aktivieren und hindurchgehen. Niemand bemerkt jedoch, dass die Goa'uld-Larve eines verletzten Jaffa von Kawalsky Besitz ergriffen hat.

Bemerkungen:

Am 18. Februar 1997 begann die Produktion von „StarGate Kommando SG-1". Aus Kostengründen wurde die Serie hauptsächlich in Kanada gedreht, in der Nähe der Stadt Vancouver. Diese Wahl war nicht ungewöhnlich, da sich Vancouver mittlerweile zu einem beliebten Drehort entwickelt hatte, da die Produktionen hier erheblich billiger als in Hollywood sind. Unter anderem entstanden bzw. entstehen hier auch die meisten Aufnahmen für Serien wie „Akte X", „Highlander" und „Nick Knight".

Die Serie schließt logisch an den Kinofilm an, allerdings hat sie auch einige Brüche. Im Kinofilm ist Ra ein Einzelgänger, nirgendwo gibt es Hinweise auf andere Außerirdische, die gleich ihm auf der Erde landen und sich als Götter ausgeben. Schon gar nicht ist von einem gewaltigen galaktischem Imperium seines Volkes die Rede. Im Gegenteil, sein namenloses Volk, das in der Serie den Namen Goa'uld erhielt, wird als dem Untergang geweiht dargestellt. In der Serie sehen die Goa'uld wie kleine geflügelte Schlangen aus; im Kinofilm hingegen ähnelt Ras Aussehen in einigen Überblendungen eher der klassischen Alien-Darstellung, wie beispielsweise in dem gefälschten Video von der Autopsie eines Außerirdischen nach dem angeblichen Absturz eines UFOs 1947 bei Roswell.

Für diese Widersprüche lassen sich jedoch noch relativ leicht Erklärungen finden. So kann Ra den Alien-Körper lange vor seiner Landung auf der Erde angenommen haben. Statt den Menschen die genaue Geschichte seines Volkes zu erzählen, hat er die Namen weiterer mächtiger Goa'uld (der „Systemlords", wie sie im weiteren Verlauf der Serie genannt werden) verbreitet und damit die ägyptische Religion geprägt, ohne dass diese „Götter" selbst in Erscheinung traten.

Ein anderer Widerspruch hingegen lässt sich nicht so ohne weiteres auflösen. Es wird behauptet, die Verbindung zu dem SternenTor auf Abydos ließe sich trotz der veränderten Koordinaten deshalb noch herstellen, weil der

Planet von allen erreichbaren Zielen der Erde am nächsten läge. Dadurch hätte sich die Konstellation der Sternbilder nicht so stark verändert wie bei anderen Zielen.

Im Kinofilm hingegen stellt man fest, dass Abydos in einer völlig anderen, nicht näher benannten Galaxie liegt. Diese Behauptung ist an sich bereits recht fragwürdig, gemeint ist vermutlich ein anderes Sonnensystem, was in SF-Filmen und vor allem SF-Serien des öfteren durcheinander geworfen wird. Würde es sich wirklich um eine andere Galaxie handeln, müssten sich die Sternbilder aufgrund der Ausdehnung des Universums sogar ziemlich gewaltig verändert haben.

Ansonsten bemüht sich der Pilotfilm der Serie jedoch die mit dem Kinofilm begonnene Geschichte in sich möglichst stimmig weiterzuerzählen. Da Ra im Körper eines Menschen weiterleben konnte, lag es nahe, die Goa'uld zu einem Volk von Symbionten zu machen. Neu ist diese Idee jedoch nicht. Sieht man von zahlreichen entsprechenden Romanen ab, wird beispielsweise schon in „Star Trek – The Next Generation" die Sternenflotte in der Folge „Die Verschwörung" (Conspiracy) von einer parasitären Rasse unterwandert. Eine ähnliche Handlung bietet auch der Film „The Hidden – Das unsagbare Böse" (USA 1989). Hier gelangen zwei parasitäre Wesen ins Los Angeles von 1989, das eine als Gejagter, das andere als Jäger, wobei vor allem ersteres mehrfach den Körper wechselt.

Die Hauptpersonen bei „StarGate Kommando SG-1" sind weitgehend mit denen des Kinofilms identisch, auch wenn sie mit anderen Schauspielern besetzt wurden. Lediglich Skaara, der innerhalb der Serie noch einige weitere Auftritte hat, wird auch hier von dem jungen Schauspieler Alexis Cruz verkörpert. Die einzige personelle Veränderung betrifft den Leiter des SG-Projekts: General Hammond hat die Nachfolge von General West angetreten, ohne dass näher auf diese Ablösung eingegangen wird.

Eine Szene erregte besonderes Aufsehen: als Sha'uri von einem Goa'uld übernommen wird, ist sie kurzzeitig vollständig nackt zu sehen. Anders als in vielen westlichen Ländern stellt Sexualität im amerikanischen Fernsehen immer noch ein absolutes Tabu dar, zumindest bei den frei über Antenne empfangbaren Sendern der großen Networks. Bei Pay-TV Sendern wie *Showtime* weicht dieses jedoch allmählich auf.

Sieht man von den wenigen Mehrteilern ab, sind die meisten Folgen in sich abgeschlossen. Die unbemerkte Übernahme Kawalskys durch einen Goa'uld bietet ein Mal ein völlig offenes Ende, das neugierig auf die Fortsetzung macht.

Die Erstausstrahlung des Pilotfilms in den USA fand am 27. Juli 1997 statt. In Deutschland wurde die Doppelfolge auf Video erstmals am 27. Februar 1998 veröffentlicht.

Folge 01: DER FEIND IN SEINEM KÖRPER
OT: THE ENEMY WITHIN

Drehbuch: Brad Wright
Regie: Dennis Barry

Gaststars:
Major Charles Kawalsky – Jay Acovone
Dr. Warner – Kevin McNulty
Techniker – Gary Jones
Colonel Kennedy – Alan Rachins

Inhalt:

Die Goa'uld haben die Symbole herausgefunden, mit denen sich eine Verbindung zum SternenTor auf der Erde herstellen lässt. Wie erhofft, verhindert die Iris jedoch, dass die Angreifer sich materialisieren.

Währenddessen klagt Major Kawalsky über Kopfschmerzen. Als bei einer ärztlichen Untersuchung die Larve entdeckt wird, die sich in ihm eingenistet hat, erwacht der Goa'uld, übernimmt die Kontrolle über Kawalskys Körper und tötet den Arzt.

O'Neills Antrag, Teal'c ins SG-Team aufzunehmen, wird auf Anordnung des Pentagons abgelehnt. Colonel Kennedy erscheint im SG-Bunker, um den Jaffa zu Verhören und nach Langley zu bringen, doch O'Neill bemüht sich, dies zu verhindern. Zwar kann Teal'c kaum Angaben über die Technik der Goa'uld machen, gibt jedoch eine Reihe Informationen über ihr Volk preis. Sie sind Despoten, die zahlreiche Welten beherrschen. Sie bevölkerten sie mit Menschen, die sie von der Erde verschleppten, die bei ihnen den Namen Taori trägt. Manche dieser Menschen dienen ihnen als Wirtskörper, die anderen entweder als Jaffa oder als einfache Sklaven. Viele Welten, die sich für sie als nutzlos herausstellten, wurden von ihnen im Laufe der Zeit aufgegeben, die Menschen dort blieben auf sich allein gestellt zurück.

Die Entdeckung der Leiche des Arztes führt zur Enttarnung Kawalskys. Da der Parasit in ihm noch sehr jung ist, wird versucht, ihn operativ zu entfernen, nachdem Teal'c sich und seinen Symbionten für Untersuchungen zur Verfügung gestellt hat. Die Operation scheint zu gelingen, doch Teal'c findet heraus, dass der Goa'uld kurz zuvor eine vollständige Verschmelzung mit seinem Wirt eingehen konnte. Nur seine ohnehin tote Hülle wurde entfernt.

Kawalsky, der nun völlig unter dem Einfluss des Außerirdischen steht, aktiviert eine Bombe, die das gesamte SG-Hauptquartier zerstören soll. Er versucht selbst durch das SternenTor zu fliehen, doch dort stellt sich ihm Teal'c in den Weg. Er kann Kawalsky töten, während es O'Neill und Hammond gelingt, den Countdown der Bombe abzubrechen.

Aufgrund seines selbstlosen Einsatzes wird Teal'c nun doch ins SG-Team aufgenommen.

Bemerkungen:

Nach dem aufwendigen Pilotfilm handelt es sich hier um eine äußerst kostengünstige Folge. Auf Außenaufnahmen wurde nahezu völlig verzichtet; viele der Sets für die Innenräume waren bereits vorhanden oder tauchen in späteren Episoden noch einmal auf.

Doch obwohl es diesmal nicht um die Reise zu einer anderen Welt geht, ist die Episode keineswegs langweilig. Der Zuschauer leidet sowohl mit Teal'c mit, der zu einer Art Versuchskaninchen gemacht werden soll, wie auch mit Kawalsky. Letzterer wird nur zeitweise von seinem Parasiten übernommen, kann sich anschließend nicht an die Verbrechen erinnern, die er während dieser Zeit beging. Nachdem die Operation bereits geglückt schien, trifft den Zuschauer sein Schicksal am Ende um so härter.

In dieser Episode wird bereits der Grundstein für eine Entwicklung gelegt, die später noch von größerer Bedeutung sein wird: dem Konflikt zwischen General Hammond und dem übrigen SG-Team auf der einen und dem Militär auf der anderen Seite. Interessant ist hierbei ein nur am Rande erwähntes Detail: Colonel Kennedy arbeitet für das Militär, doch soll er Teal'c nach Langley bringen. Dort befindet sich jedoch nicht das Pentagon, sondern die Zentrale der CIA, des amerikanischen Auslandgeheimdienstes. Die Verknüpfung (oder sollte man besser *Verschwörung* sagen?) zwischen Militär, CIA und NSA wird vor allem in „Akte X" thematisiert, wo um dieses Thema eine regelrechte Paranoia aufgebaut wird.

Gaststar Alan Rachins, der Colonel Kennedy verkörpert, ist vor allem als einer der Hauptdarsteller der Anwaltsserie „L.A.-Law" bekannt geworden.

Folge 02: DIE SEUCHE
OT: THE BROCA DIVIDE

Drehbuch: Jonathan Glassner
Regie: William Gereghty

Gaststars:
Dr. Frazier – Teryl Rothery
Techniker – Gary Jones
Makepeace – Steve Makaj
Unberührte Frau – Nicole Oliver

Inhalt:

Zusammen mit dem nur aus Marines bestehenden Team von SG-3 wird SG-1 auf den Planeten P3X797 geschickt. Dessen Umlaufbahn verläuft so, dass die Planetenhälfte, auf der sich das dortige SternenTor befindet, ständig der Sonne abgewandt ist und dementsprechend in ewigem Dunkel liegt. O'Neill ist von der Begleitung durch die Militärs nicht gerade begeistert, fügt sich dem Befehl jedoch. Bei ihrer Ankunft werden sie von primitiven, Höhlenmenschen ähnlichen Humanoiden angegriffen. Diese fliehen, als die Marines das Feuer eröffnen. Bei der Verfolgung stoßen die beiden Teams auf ein Dorf, in dem sich eine Frau befindet, die menschenähnlicher als die Wilden aussieht. Das Dorf wird von weißgekleideten Gestalten überfallen, die die Frau befreien. Als diese die SG-Teams entdecken, halten sie die Fremden für Götter und nehmen sie mit auf die helle Seite des Planeten. Trotz ihrer physischen Deformierung gehören die Wilden dem gleichen Volk an. Doch sie wurden verbannt, nachdem sie ein Fluch ereilt hatte, der immer wieder über einzelne Menschen hereinbricht und sie verwandelt.

Die Teams kehren zur Erde zurück, doch sind auch sie infiziert und beginnen sich zu verwandeln. Ebenso ergeht es den Menschen, mit denen sie Kontakt haben. Dr. Frazier findet heraus, dass sie von einem Virus befallen wurden, der ihre Gehirnfunktionen weitgehend ausschaltet. Lediglich Daniel und Teal'c sind aus unbekannten Gründen immun dagegen. Sie werden zurück nach P3X797 geschickt, wo Teal'c sich gewaltsam eine Blutprobe der noch nicht verwandelten Einwohner beschafft. Dr. Frazier findet heraus, dass die Menschen dort – vermutlich ernährungsbedingt – sehr niedrige Histaminwerte haben, was auch bei Teal'c und Daniel der Fall ist. Sie entwickeln ein Serum, mit dem sowohl die Menschen auf P3X797, wie auch die Infizierten auf der Erde geheilt werden.

Bemerkungen:

Wie auch einige spätere Folgen leidet diese Episode an einem grundlegenden Problem: Da in Form von O'Neill, Carter und Hammond drei der Hauptpersonen von der Seuche betroffen sind, steht zweifelsfrei fest, dass sie am Schluss geheilt werden müssen, was der Spannung nicht gerade zuträglich ist. Die Lösung des Problems besteht in der Entwicklung eines Heilserums, ein nicht unbedingt Spannung erzeugender Prozess. Spannung entsteht dadurch, dass die Bewohner von P3X797 die Entnahme einer Blutprobe aus religiösen Gründen verweigern, woraufhin Teal'c Gewalt anwenden muss. Ein zumindest moralisch fragwürdiges Verfahren.

Wie schon zuvor erwähnt, wurde die Reihenfolge der Episoden bei der Veröffentlichung in Deutschland verändert. In der ursprünglichen zweiten Episode „Verraten und verkauft" geht es um eine Kultur, die der mongolischen entsprang. Direkt danach folgte „Die Seuche", in der SG-1 es mit den Nachkommen der minoischen Kultur stammenden

Menschen aufnehmen muss. Nimmt man noch die ägyptische Kultur auf Abydos hinzu, könnte der Eindruck entstehen, es handle sich in jeder Folge um eine frühgeschichtliche Kultur der Erde, was langweilig geworden wäre. Glücklicherweise erkannten auch die Macher der Serie diese Gefahr und stellten rasch andere Themen in den Vordergrund.

Eine Frage drängt sich bei „Die Seuche“ noch auf. Es wird behauptet, dass eine Planetenhälfte in ständigem Dunkel läge. Dennoch ist auch dieser Teil der Oberfläche von dichtem Wald bewachsen. Nach den Gesetzen der Photosynthese benötigen Pflanzen jedoch Licht zum Gedeihen. Wenn es sich hier hingegen um Mutationen handelt, für die dies nicht gilt, hätte man diesen Punkt zumindest kurz ansprechen sollen.

Folge 03: DAS ERSTE GEBOT
OT: FIRST COMMANDMENT

Drehbuch: Dennis Barry
Regie: Robert C. Cooper

Gaststars:
Captain Jonas Hansen – William Russ
Lieutenant Connor – Roger R. Cross
Jamala – Zahf Hajee
Lieutenant Baker – Adrian Hughes

Inhalt:
SG-1 gelangt auf einen Planeten, der aufgrund des grellen Sonnenlichts kaum bewohnbar ist, um nach dem dort verschollenen Kommando SG-9 unter der Leitung von Captain Hansen zu suchen. Man trifft auf Lieutenant Connor, ein Mitglied des Teams. Dieser erklärt, sie seien von den Eingeborenen für Götter gehalten und entsprechend verehrt worden. Hansen hätte an seiner Rolle jedoch soviel Gefallen gefunden, dass er sich zum Herrscher über die Eingeborenen aufgeschwungen und selbst an seine Göttlichkeit zu glauben begonnen habe. Zusammen mit einem anderen Soldaten, der dabei ums Leben gekommen sei, sei Connor daraufhin geflohen. Sam berichtet, dass sie Hansen kenne und eine kurze Affäre mit ihm gehabt habe. Wenn irgend jemand ihn zur Vernunft bringen könne, dann sei sie es. Das Team entdeckt einen Steinbruch, in dem Hansen die Eingeborenen in der prallen Sonne arbeiten lässt, um einen Tempel für sich zu errichten, obwohl das den Tod der meisten Arbeiter bedeutet. Als Carter einem von ihnen zu helfen versucht, wird sie gefangen genommen. Ihre Versuche, Hansen von seinem Tun abzubringen, scheitern.

Derweil berichtet ein geflohener junger Arbeiter namens Jamala den übrigen Mitgliedern des Teams, dass Hansen versprochen habe, den Himmel orange zu färben, und die von der Sonne ausgehende Gefahr dadurch zu beseitigen. Teal'c erklärt, dies beziehe sich auf ein Gerät der Goa'uld, mit dem sie eine Art Kraftfeld erzeugten, das die Wirkung der UV-Strahlen filtere. Als die Goa'uld den Planeten einst verließen, hätten sie dieses zwar abgeschaltet, aber offenbar zurückgelassen. Im Gegensatz zu Teal'c weiß Hansen jedoch nicht, dass zur Erzeugung des Kraftfeldes zwei solche Geräte erforderlich sind. Inzwischen völlig seinem Wahn verfallen, scheitert er daher bei dem Versuch, mit dem Gerät seine Göttlichkeit unter Beweis zu stellen.

Daniel berichtet den versammelten Eingeborenen, dass dafür zwei Geräte erforderlich seien, und auf sein Zeichen hin schaltet Teal'c die inzwischen gefundene zweite Apparatur ein. Erst jetzt bildet sich das orangefarbene Kraftfeld. Die erbosten Eingeborenen töten Hansen, nachdem sie erkannt haben, dass er kein Gott ist.

Bemerkungen:

Vor der Ankunft von SG-9 lebten die Einwohner des Planeten ausschließlich in unterirdischen Höhlen. Ihre Zivilisation ist so rückständig, dass das Errichten von Gebäuden bei ihnen unbekannt ist. Insofern sagt Hansen die Wahrheit, als er behauptet, ihnen die Zivilisation zu bringen. Der Preis, den sie jedoch dafür zu zahlen haben ist hoch: sie müssen sich ihm als bedingungslose Sklaven unterwerfen. Damit begibt sich Hansen auf eine moralische Stufe mit den Goa'uld.

Hansen wird als wahnsinnig und machtlüstern dargestellt, doch muss man sich fragen, ob er nicht im Grunde nur eine Art Vorreiter für das ist, was die Menschen auf den von den Goa'uld aufgegebenen Planeten überall in der Galaxis nach ihrer Entdeckung nun erwartet.

Es ist mehr als zweifelhaft, ob sich die amerikanische Regierung in der Realität so zurückhaltend verhalten würde, wenn sie tatsächlich ein SternenTor besäße und damit auf rückschrittliche Welten gelangen könnte. Würde man sich wirklich mit kurzen Besuchen zu reinen Forschungszwecken begnügen, oder wäre es nicht wahrscheinlicher, dass man rasch beginnen würde, die entsprechenden Welten auszubeuten – vor allem in Hinblick auf die Rohstoffe? Alle Erfahrungen aus der Vergangenheit deuten darauf hin, dass die entsprechenden Eingeborenen nicht mehr lange ihre Ruhe hätten.

Es wäre wünschenswert, wenn das Thema auch einmal in größerem Zusammenhang behandelt werden würde, beispielsweise in Form eines neuerlichen Konflikts des SG-Teams mit der amerikanischen Regierung. Hierbei könnten grundsätzliche ethische Fragen im Hinblick auf Kolonisierung und Ausbeutung im Vordergrund stehen, was sich ebenfalls in eine spannende Handlung einbetten ließe.

William Russ spielte als Nebendarsteller bereits in zahlreichen Serien und Filmen mit. Unter anderem hatte er wiederkehrende Gastrolle in „Kampf gegen die Mafia“ (Wiseguy).

Folge 04: VERRATEN UND VERKAUFT
OT: EMANCIPATION

Drehbuch: Katharyn Powers
Regie: Jeff Woolnough

Gaststars:
Thurgan – Cary-Hiroyuki Tagawa
Abu – Jorge Vargas
Häuptling der Shavadai – Soon-Tek Oh
Nya – Crystal Lo

Inhalt:

Kaum dass die Mitglieder von SG-1 auf dem Planeten P3X593 landen, sehen sie, wie ein junger Mann von einem Rudel wilder Hunde verfolgt wird. Sie können ihn retten, und er stellt sich als Abu vom Stamm der Shavadai vor. Als er Carter erblickt, reagiert er jedoch regelrecht entsetzt. Gleich darauf treffen einige nach Art der Mongolen gekleidete Reiter ein. Auch sie reagieren auf Carters Anblick sehr merkwürdig. Sie darf nichts sagen, und man teilt ihr mit, es wäre eine Todsünde, wenn eine Frau Männerkleidung trage. Dennoch bittet Abus Vater, der alte Häuptling der Shavadai, die Ankömmlinge in sein Nomadenlager.

Hier entdeckt Daniel, dass die Shavadai Medikamente besitzen, die Schmerzen lindern und Wunden schneller heilen lassen, aber es zeigt sich auch, dass die Frauen extrem unterdrückt werden und keinerlei Rechte besitzen. Carter zeigt sich empört, willigt aber dennoch ein, sich stammesgemäß zu kleiden. Kurz darauf wird sie von Abu entführt und zu einem befeindeten Stamm gebracht, wo die Unterdrückung der Frauen noch schlimmer ist. Abu möchte sie gegen Nya eintauschen, die Tochter des Häuptlings

Thurgan, in die er seit langem verliebt ist, wird aber mit ein bisschen Geld abgespeist. Carter unternimmt einen erfolglosen Fluchtversuch und entkommt nur mit knapper Not der Bestrafung durch Auspeitschen. Ihr Mut beeindruckt Nya so sehr, dass sie ebenfalls flieht, um zu Abu zu gelangen.

In der Zwischenzeit erfahren O'Neill und die anderen von Abus Vater, dass die Frauen früher frei gewesen wären, dies aber den Göttern nicht gefallen habe. Sie hätten den Legenden nach einen Dämon geschickt, der die Stämme bestrafte, und aus Angst vor seiner Rückkehr würden die Frauen seither wie Sklavinnen gehalten. Allerdings erweist der alte Häuptling sich auch als ein fortschrittlich denkender Mann, der nur noch nicht weiß, wie er mit den Traditionen brechen soll.

Zusammen mit ihm erreicht das Team das feindliche Dorf. Dessen Häuptling Thurgan weigert sich, Carter freizulassen. Erst als O'Neill ihm seine Pistole vorführt, ist er davon so beeindruckt, dass er in einen Tausch einwilligt.

Auf dem Rückweg treffen sie einen völlig verzweifelten Abu. Er berichtet, dass Nyas Flucht gescheitert sei und sie dafür nun von den Dorfbewohnern zu Tode gesteinigt werden soll. Dem Gesetz zufolge kann man den Häuptling jedoch zu einem Kampf auf Leben und Tod herausfordern, um eine Steinigung zu verhindern. Carter ist diejenige, die zu diesem mit Messern ausgetragenen Kampf antritt. Es gelingt ihr, Thurgan zu besiegen, ohne ihn zu töten. Daraufhin gibt dieser Nya frei und versichert, dass es keinen Krieg gegen die Shavadai geben wird.

Bemerkungen:

Im Gegensatz zu dem reißerischen deutschen Titel trifft der Originaltitel wesentlich besser zu, denn es geht hier weniger um Verrat als um die Emanzipation der Frau, auch wenn sie mit Brachialgewalt propagiert wird. Entsprechend sind es nicht die betroffenen Frauen selbst, die für ihre Freiheit kämpfen, sondern eine Außenstehende (Sam Carter). Carters Emanzipation wiederum erschöpft sich weitgehend darin, sich ihren männlichen Begleitern so weit als möglich anzupassen, was sich unter anderem in ihrem heftigen Protest dagegen äußert, sich den Gebräuchen ihrer Gastgeber zu unterwerfen und ein Kleid zu tragen.

Auch in historischer Hinsicht ist diese Folge äußerst unbefriedigend. Die Mongolen gewannen ihre nationale Identität Anfang des dreizehnten Jahrhunderts durch Dschingis Khan. Wie also können Mongolen auf einen fremden Planeten verschleppt worden sein, wenn das SternenTor auf der Erde bereits vor drei- bis viertausend Jahren vergraben wurde?

Eine nur mäßig spannende und insgesamt ziemlich ärgerliche Episode, vor allem, wenn man berücksichtigt, dass das Drehbuch von einer Frau geschrieben wurde, so dass man sich ein etwas einfühlsameres Herangehen an das Thema hätte erhoffen dürfen.

Folge 05: DIE AUFERSTEHUNG
OT: COLD LAZARUS

Drehbuch: Jeffrey F. King
Regie: Kenneth J. Girotti

Gaststars:
Sara O'Neill – Harley Jane Kozak
Dr. Frazier – Teryl Rothery
Techniker – Gary Jones
Saras Vater – Wally Dalton

Inhalt:

Auf einem Wüstenplaneten entdeckt SG-1 ein Tal voller großer blauer Kristalle, die jedoch fast alle gewaltsam zerstört wurden. Etwas abseits von den anderen berührt O'Neill einen unversehrten Kristall. Daraufhin wird er wie von einem Schlag getroffen, mehrere Meter durch die Luft geschleudert und verliert das Bewusstsein. Während er ohnmächtig zurückbleibt, kehrt eine ihm exakt nachgebildete Kopie zusammen mit den anderen zur Erde zurück.

In O'Neills Spind findet der Doppelgänger einige Fotos seiner Frau Sara und seines Sohnes Charlie. Erinnerungen des echten O'Neill werden in ihm wach, doch sie sind unvollständig. So erinnert er sich nicht, dass O'Neill sich von seiner Frau getrennt hat und Charlie tot ist. Äußerst wortkarg den anderen gegenüber verlässt er das Hauptquartier und fährt zu seiner Ex-Frau. Sara freut sich, ihn zu sehen, wird aber wütend, als er nach Charlie fragt. Dennoch bittet ihr Vater ihn ins Haus. Es kommt zu einer Aussprache zwischen Sara und Jack.

Derweil untersuchen Daniel Jackson und Sam Carter die mitgebrachten Kristalle und finden heraus, dass die

Zerstörungen von Stablanzen der Goa'uld hervorgerufen wurden. Einer der Kristalle verändert seine Form und bittet Daniel um Hilfe. Das Erstaunen des SG-Teams wird noch größer, als der echte O'Neill durch das SternenTor zur Erde zurückkehrt. Der Kristall berichtet, dass die Goa'uld einst ihre Welt besuchten. Als einer von ihnen einen Kristall berührte, erhielt er versehentlich einen tödlichen Schlag. Die anderen suchten daraufhin alle Kristalle zusammen und zerstörten sie, nicht wissend, dass diese aus Energie bestehen und andere Gestalt annehmen können. Dies geschah auch, als O'Neill verletzt wurde. Der Kristall hielt auch ihn für einen Goa'uld, entdeckte seinen Schmerz über Charlies Tod und nahm seine Identität an, weil er ihm helfen wollte. Er hoffte, wenn er ihm Charlie zurückbringen könnte, würden die Goa'uld ihnen verzeihen, doch wusste er nicht, dass der Tod bei den Menschen – anders als bei ihnen – endgültig ist.

Der Doppelgänger kann seine Gestalt jedoch nur eine begrenzte Zeit außerhalb seiner Heimatwelt aufrecht erhalten. Er beginnt sich zu verformen, Energieblitze schießen aus seinem Körper.

Der echte O'Neill erfährt davon und eilt ebenfalls dorthin. Als er an das Bett des Doppelgängers tritt, nimmt dieser die Gestalt Charlies an. Obwohl es sich nicht wirklich um ihren Sohn handelt, gibt er O'Neill und Sara damit Gelegenheit, von Charlie Abschied zu nehmen. Anschließend bringt O'Neill den Kristall auf seine Heimatwelt zurück.

Bemerkungen:

O'Neills Ehefrau Sara tauchte bislang lediglich in einer kurzen Szene des Kinofilms auf. Im Pilotfilm erfährt man nur, dass Jack sich mittlerweile von ihr getrennt hat. Ansonsten wusste man bislang kaum etwas über den privaten Hintergrund der Hauptpersonen, während hier erstmals einige nähere Informationen darüber gegeben werden. So erfährt man beispielsweise auch, dass Sam Carter zweifache Tante ist. Ihre Familienverhältnisse wie auch Teal'cs Vorgeschichte erlangen in späteren Folgen noch Bedeutung.

Hier jedoch steht eindeutig O'Neill im Vordergrund. Umso mehr man über die Personen erfährt, umso interessanter werden sie, da sie erst dadurch zu richtigen Charakteren werden.

Interessant sind auch die Kristalle, wird mit ihnen doch erstmals eine wirklich fremde außerirdische Lebensform eingeführt. Sieht man von den Goa'uld einmal ab, hatten die SG-Teams es bei ihren Ausflügen bislang nur mit den Nachkommen vor langer Zeit verschleppter Menschen zu tun.

Als Negativpunkt kann man bei dieser Episode lediglich Carters Forschungsübereifer anführen. Sie vermutet, dass die Verbrennungen an den Kristallen von Stablanzen der Goa'uld herrühren und bittet Teal'c, dies in einem praktischen Test zu belegen. Er zerstört daraufhin einen der Kristalle. Erst später findet man heraus, dass es sich dabei um intelligente Lebewesen handelt. Auch wenn der Tod für sie nichts Endgültiges ist, kann nur zynisch festgestellt werden, dass im Namen der Wissenschaft auch Opfer gebracht werden müssen.

Folge 06: DIE MACHT DER WEISEN
OT: THE NOX

Drehbuch: Hart Hanson
Regie: Charles Corell

Gaststars:
Anteaus – Armin Shimerman
Apophis – Peter Williams
Opher – Ray Xifo
Techniker – Gary Jones

Inhalt:

Die amerikanische Regierung wird allmählich ungeduldig, weil das SG-Projekt nur Geld kostet, ohne konkrete Ergebnisse zu bringen. Teal'c bietet daraufhin die Koordinaten eines Planeten an, dessen Bewohner eine Technologie besitzen, mit der man Menschen unsichtbar machen kann.

Kaum ist SG-1 auf dieser Welt angekommen, wird das SternenTor unsichtbar, so dass ihnen der Rückweg abgeschnitten ist. Zudem befindet sich auch noch Apophis, der ebenfalls hinter der fremden Technologie her ist, mit einigen Jaffa auf dem Planeten. Ein Kampf beginnt, in dessen Verlauf O'Neill, Daniel und Sam Carter getötet werden. Bevor auch Teal'c erschossen werden kann, erhält er Hilfe von den Nox, scheinbar primitiv lebenden Waldbewohnern, die ihn verschwinden lassen, wie sie es auch schon mit dem SternenTor gemacht haben.

Sie besitzen gewaltige psychische Kräfte, mit deren Hilfe sie Daniel, Carter und O'Neill wieder ins Leben zurückholen. Da die Nox jede Form von Gewalt verabscheuen, erwecken sie auch Shak'l, einen bei dem Kampf getöteten Jaffa erneut zum Leben. Shak'l ist ein ehemaliger

Schüler Teal'cs und verabscheut diesen als Verräter. Er flieht und tötet dabei ein Nox-Mädchen. Mittels einer schwierigen Zeremonie wird dieses von den anderen wieder zum Leben erweckt, doch stellt sich heraus, dass die Nox während dieser Zeremonie angreifbar sind, da sie sich nicht unsichtbar machen können. Auch Shak'l erfährt dies und berichtet es Apophis.

Dieser nimmt ein Kind der Nox gefangen und tötet es, um die Nox bei der anschließenden Zeremonie in seine Gewalt zu bringen. SG-1 lauert Apophis und den Jaffa jedoch in einem Hinterhalt auf, und diesmal gelingt es O'Neill und seinen Begleitern, diese zu besiegen. Sie nehmen Apophis gefangen, doch bevor sie ihn töten können, greifen die Nox ein und schützen ihn. Sie bringen sowohl den Goa'uld wie auch SG-1 zum SternenTor zurück, das sie vergraben wollen, sobald alle Fremden ihre Welt verlassen haben. O'Neills Einwand, dass die Goa'uld auch Raumschiffe besäßen, mit denen sie zurückkehren würden, beeindruckt sie nicht. Für einen kurzen Moment wird eine riesige Stadt in den Wolken sichtbar. Obwohl sich die Nox entschlossen haben, ein einfaches, friedliches Leben zu führen, verfügen sie in Wahrheit über eine Technologie, die der der Goa'uld durchaus gewachsen ist.

Bemerkungen:

Abgesehen von den Goa'uld stellen die Nox die ersten richtigen Außerirdischen in „StarGate Kommando SG-1" dar. Obwohl sie jegliche Form der Gewalt ablehnen, sind sie hochtechnisiert. Bedauerlich ist, dass sie ihr SternenTor vergraben wollen, so dass SG-1 keine Möglichkeit mehr haben wird, mit ihnen in Kontakt zu treten und eventuell doch von ihrer Technologie zu profitieren.

Die Idee, dass die amerikanische Regierung Druck auf das SG-Projekt ausübt, weil man endlich konkrete

Ergebnisse sehen will, ist ja ganz nett, allerdings haben sich die Drehbuchautoren untereinander offenbar nicht besonders gut abgesprochen. Immerhin ist SG-1 bei dem Mongolenvolk in der Episode „Verraten und verkauft“ gerade erst auf ein extrem wirksames Heilmittel gestoßen.

Armin Shimerman, der Darsteller von Anteaus, dem Oberhaupt der Nox, ist den Fernsehzuschauern kein Unbekannter. Neben Rollen in verschiedenen eher unbedeutenden Kinofilmen, spielte er in zahlreichen TV-Serien. Bei den SF-Fans erlangte er Popularität, als er nach mehreren Auftritten bei „Star Trek: Das nächste Jahrhundert“ die Rolle des streitbaren Kneipenbesitzers Quark in „Star Trek: Deep Space Nine“ übernahm, der eine der beliebtesten Hauptpersonen der Serie wurde.

Folge 07: **FEUER UND WASSER**
OT: FIRE AND WATER

Drehbuch: Katharyn Powers
Regie: Allan Eastman

Gaststars:
Nem – Gerard Plunkett
Dr. Frazier – Teryl Rothery
Techniker – Gary Jones
Dr. McKenzie – Eric Schneider

Inhalt:

Sichtlich geschockt und am Ende ihrer Kräfte kehren O'Neill, Carter und Teal'c nach knapp drei Stunden von einer Mission zurück. Erschüttert berichten sie von Daniels Tod. Sie seien in einem vulkanisch aktiven Gebiet am Rande eines großen Sees herausgekommen. Daniel sei bei der Eruption von Flammen verschlungen worden, während die anderen sich in den See stürzen konnten und so überlebten. Hammond will ein Team auf den Planeten schicken, um Daniels Leichnam zu bergen, doch O'Neill bringt ihn davon ab, weil dadurch nur weitere Menschen in Gefahr gerieten.

Auf Drängen von Dr. Frasier werden die drei noch lebenden Mitglieder für eine Woche vom Dienst suspendiert, damit sie sich von dem Schock erholen können. Vor dem aktivierten SternenTor findet eine formelle, militärische Totenfeier statt, bei der O'Neill eine kurze Lobrede auf Daniel hält. Ein Blumenkranz wird durch das SternenTor auf den Planeten geschickt, auf dem er den Tod fand – wie man glaubt.

In Wahrheit lebt Daniel noch. Er kommt in einer Art Labor wieder zu sich, ohne zu wissen, wo er sich befindet und wo die anderen sind.

Auf der Erde findet die eigentliche Trauerfeier für ihn außerhalb der Basis in O'Neills Haus statt. Teal'c wundert sich sehr über den Leichenschmaus und erklärt, auf Chulak sei es üblich gewesen, dass nach einem Todesfall die Trauergemeinde zwei Tage lang nichts essen dürfe. Als O'Neill ein Bier einschenkt, sieht er in dem Schaum eine Vision von Daniel, der inmitten von Flammen um Hilfe schreit.

Derweil trifft Daniel in dem Labor mit einem reptilienhaft aussehenden Außerirdischen namens Nem zusammen. Er versucht sich mit ihm zu verständigen, doch Nem präsentiert ihm wortlos eine Tafel mit Symbolen einer alten irdischen Keilschrift. Übersetzt bedeuten sie „Enthüllen Schicksal Omarrokah". Da Daniel nicht weiß, wer oder was Omarrokah ist, begreift er nicht, was der Außerirdische von ihm will. Dennoch zeigt dieser ihm weitere Tafeln. Diese enthalten viertausend Jahre alte babylonische Gesetzestexte. Daniel übersetzt sie, wie es von ihm verlangt wird, doch Nem bleibt unzufrieden. Immer wieder fragt er nach dem Schicksal Omarrokahs, worüber Daniel ihm nichts sagen kann. Schließlich droht er sogar, ihn zu töten, wenn er ihm nicht hilft.

Während sie zusammen mit O'Neill und Teal'c Daniels Appartement ausräumen, hat Sam Carter beim Blick in ein Aquarium die gleiche Vision wie zuvor Jack. Als sie davon berichtet, erklärt Teal'c, auch ihm wäre es schon so ergangen. Irgend etwas stimmt offenbar nicht.

In seinem Labor erklärt Nem Daniel in gebrochenem Englisch, dass er nicht auf Hilfe durch seine Freunde hoffen dürfe, denn er habe ihnen die Erinnerung an seinen Tod eingepflanzt. Dann berichtet er, Omarrokah wäre seine Gefährtin gewesen und vor rund viertausend Jahren im alten Babylon verschollen. Sie habe damals furchtbare Angst vor einem gewissen Bellos gehabt, einem Tyrannen, der zur Zeit Alexanders des Großen herrschte. Daniel erinnert sich, schon einmal etwas über ihn gelesen zu haben, weiß jedoch keine Einzelheiten mehr. Er bietet Nem an, ihn zur Erde zu begleiten, damit er dort weitere Nachforschungen anstellen kann. Doch Nem ist misstrauisch und befürchtet, in eine Falle der Goa'uld zu geraten. Omarrokah wäre einst zur Erde gereist, um diese vor den Goa'uld zu schützen und sei dabei gescheitert. Daniel berichtet von der Rebellion im alten Ägypten, in deren Folge das SternenTor vergraben wurde, doch Nem ist nicht überzeugt, da Daniel zusammen mit einem Jaffa hergekommen war.

Daraufhin schlägt Daniel vor, Nem könne mit seiner überlegenen Technologie sein Gehirn durchsuchen. Wenn er in der Lage sei, das Gedächtnis anderer zu manipulieren, müsse er auch fähig sein, verschollene Erinnerungen zum Vorschein zu bringen. Nem erklärt, es sei eine schmerzhafte und möglicherweise lebensgefährliche Prozedur. Daniel willigt dennoch ein.

Auf der Erde sind die übrigen Mitglieder von SG-1 inzwischen immer mehr davon überzeugt, dass etwas nicht stimmt. Obwohl sie sich deutlich an Daniels Tod erinnern, glauben sie zugleich auch sicher zu sein, dass er noch lebt. Hammond stellt fest, dass die drei davon ausgehen, nur zwanzig Minuten auf dem Planeten gewesen zu sein, während es sich in Wahrheit um mehr als drei Stunden handelte. Offenbar fehlt ihnen ein Teil ihrer Erinnerung. Mittels Hypnose können die fehlenden Erinnerungen bei Carter zurückgeholt werden. Sie berichtet, dass sie wirklich in einem Vulkangebiet gelandet seien, ein Außerirdischer aus dem See aufgetaucht sei und einige Schriftzeichen vor ihnen in den Sand gemalt habe. Daniel habe entziffert, dass es sich um eine Frage nach Babylon gehandelt habe. Daraufhin habe Nem sie betäubt, in seinem Labor ihre Erinnerungen verändert und sie ohne Daniel zurückgeschickt. Sofort beschließt das Team, wieder zu dem Planeten zu reisen, um Daniel zu befreien.

In einer schmerzvollen Prozedur weckt Nem gleichzeitig Daniels Erinnerung an den genauen Wortlaut der Textstelle, die er über Bellos gelesen hat. Auch Omarrokah wird in diesem Text erwähnt, und dass sie von Bellos getötet wurde. Nem ist entsetzt.

Als die übrigen Mitglieder des Teams auftauchen und Nem mit ihren Waffen bedrohen, stellt Daniel sich schützend vor ihn. Nem lässt ihn und die anderen ziehen. Auf Daniels Bitte, dass ihre beiden Völker Freunde werden sollten, antwortete der Außerirdische, dass es irgendwann vielleicht einmal dazu kommen würde.

Bemerkungen:

Nach einer kurzen Schrecksekunde wird dem Zuschauer sofort klar, dass Daniel Jackson nicht tot ist. Selbst wenn Michael Shanks beschlossen hätte, aus der Serie auszusteigen, oder die Produzenten aus einem anderen Grund entschieden hätten, seine Figur sterben zu lassen, so wäre ihm zweifellos ein Heldentod vergönnt gewesen.

Es taucht eine außerirdische Rasse auf, die sich nicht mit den Goa'uld versteht. Es ist aber bedauerlich, dass man nicht mehr über Nems Volk erfährt, außer das Omarrokah in der Vergangenheit den Menschen zu helfen versucht hat, sich gegen die Herrschaft der Goa'uld aufzulehnen.

Auch ist es schade, dass die Prämisse dieser Geschichte auf einem absolut haarsträubenden Zufall beruht. Man hätte wenigstens eine Spur konstruieren können, die SG-1 genau auf den Planeten geführt hat, wo ein Außerirdischer seit viertausend Jahren darauf wartet, etwas über das

Schicksal seiner einst zur Erde gereisten Gefährtin zu erfahren.

Folge 08: DIE AUSERWÄHLTEN
OT: BRIEF CANDLE

Drehbuch: Katharyn Powers
Regie: Mario Azzopardi

Gaststars:
Kynthia – Bobbie Phillips
Dr. Frazier – Teryl Rothery
Alekos – Harrison Coe
Thetys – Gabrielle Miller
Techniker – Gary Jones

Inhalt:

SG-1 reist zum Planeten Argos. Als das Team aus dem SternenTor tritt, entdeckt es eine Statue des griechischen Gottes Pellops. Nachdem Daniel einer hochschwangeren Frau bei der Geburt geholfen hat, werden die Ankömmlinge in ein Dorf eingeladen, in dem ausschließlich attraktive und vor Gesundheit nur so strotzende Menschen leben, die sich selbst *die Auserwählten* nennen. Eine Frau namens Kynthia hat es O'Neill besonders angetan. Auch sie mag ihn offenkundig und schenkt ihm einen Kuchen. Eine Zeit lang, nachdem er diesen gegessen hat, ertönt eine Glocke. Alle Bewohner strömen daraufhin in eine Art Schlafsaal, wo sie sofort einschlafen, einschließlich O'Neill und Kynthia. Besorgt versuchen die übrigen Mitglieder des Teams eine Erklärung zu finden. Erst am nächsten Morgen wachen O'Neill und die anderen wieder auf.

Es stellt sich heraus, dass die Argoser in unglaublichem Tempo altern; Tage sind für sie wie Jahre. Bei der Erforschung fremdartiger Schriftzeichen findet Daniel heraus, dass Pellops ein Goa'uld ist, der die Menschen einst hierherbrachte und ihre Lebensspanne verkürzte, um die menschliche Evolution in knapperer Zeit zu erforschen. Am Abend fällt O'Neill erneut genau wie die Argoser in einen tiefen Schlaf, während das restliche Team zur Erde zurückkehrt. Dort findet Dr. Frasier seltsame Organismen in den mitgebrachten Blutproben, auch in O'Neills Blut. Sie findet heraus, dass es sich um winzige Maschinen aus dem Bereich der Nanotechnologie (Nanociten) handelt.

Wieder auf Argos trifft Carter einen stark gealterten O'Neill. Die Organismen in seinem Blut versuchen die Zeit aufzuholen, die er bereits gelebt hat, so dass ihm höchstens noch zwei Wochen bis zu seinem Tod bleiben. Um sie nicht auch zu gefährden, befiehlt O'Neill Carter, zur Erde zurückzukehren. Weitere Untersuchungen ergeben, dass die Nanociten nicht für die Alterung verantwortlich sind, sondern sich einfach nur ungeheuer schnell vermehren. Sie brechen beinahe aus ihren Behältern aus, woraufhin General Hammond ihre Vernichtung befiehlt, was weitere Tests unmöglich macht.

Zornig darüber, von ihrem Gott betrogen worden zu sein, stürzen die Argoser die Statue von Pellops um. Gemeinsam mit Kynthia verlässt O'Neill das Dorf, was den Argosern nie gestattet war. Auch nach Sonnenuntergang bleiben sie wach, während alle, die im Dorf blieben, erneut in einen Tiefschlaf fallen.

Im Fuß der umgestürzten Statue entdeckt das Team einen Sender, der für die Schlafphase und die damit verbundene Aktivierung der Nanociten zuständig ist. Sie schalten den Sender ab, so dass die Argoser von nun an normal altern. Auch für O'Neill bedeutet diese Entdeckung die Rettung. Die Nanociten haben keine reale Alterung bei ihm eingeleitet, sondern diese nur im Sinne des ursprünglichen Forschungsprogramms vorgetäuscht. Er verlässt Kynthia, verspricht ihr aber, dass regelmäßig jemand kontrollieren kommen würde, ob auf Argos alles in Ordnung ist – für den Fall, dass Pellops zurückkehren sollte.

Bemerkungen:

Die Idee, die Hauptpersonen einer Serie plötzlich beschleunigt altern zu lassen, ist nicht neu, doch die hier gebotene Erklärung wirft faszinierende Perspektiven auf. Die Nanotechnologie könnte in absehbarer Zeit eine erneute technische Revolution auslösen.

Seit der Erfindung technischer Geräte gibt es die Bestrebungen, diese immer kleiner und zugleich leistungsfähiger zu machen. Die Mikrotechnologie, die bereits in Bereichen von Tausendstelmillimetern arbeitet, wird irgendwann durch die Nanotechnologie abgelöst werden, die direkt auf molekularer Ebene arbeitet, so dass Molekülgruppen direkt und zielgerichtet umstrukturiert werden könnten.

Damit wäre es nicht nur möglich, ohne komplizierte chemische Prozesse einen Stoff in einen anderen zu verwandeln oder unvorstellbar winzige Computer zu bauen; auch gerade im medizinischen Bereich wären die Einsatzmöglichkeiten schier unvorstellbar. Die Gentechnik beispielsweise würde praktisch überflüssig werden, da sich sämtliche Krankheiten heilen ließen.

Angesichts dieser Einsatzmöglichkeiten scheinen allerdings selbst die Goa'uld vor weiteren Forschungen in dieser Richtung zurückzuschrecken, zumindest wird dieses Thema innerhalb der Serie wohlweislich nicht mehr aufgegriffen. Denn wenn die Goa'uld auf diesem Gebiet weiter fortgeschritten wären, wären sie wirklich unbesiegbar.

Folge 09: IM REICH DES DONNERGOTTES
OT: THOR'S HAMMER

Drehbuch: Katharyn Powers
Regie: Brad Turner

Gaststars:
Kendra – Galyn Görg
Unas – Vincent Hammond
Gaerwen – Tamsin Kelsey
Unas' Stimme – James Earl Jones

Inhalt:
Daniel Jackson entwickelt die Theorie, dass die Goa'uld als Parasiten die SternenTore nicht selbst erbaut hätten, und dass es den irdischen Mythen zufolge auch „gute" Außerirdische geben müsse. Diese müssten auf diesem Weg ebenfalls zu erreichen sein und seien wichtige Verbündete. Vor allem interessieren ihn die Legenden über den nordischen Donnergott Thor, dessen Hammer Mjöllnir eine außerirdische Waffe sein könnte. Teal'c erklärt, der Hammer sei das Symbol der für die Jaffa verbotenen Welt Cimmeria, deren Koordinaten er kenne. SG-1 macht sich auf den Weg dorthin. Auf Cimmeria tritt das Team am Fuß eines riesigen hammerförmigen Steins aus dem SternenTor. Unter dem Gelächter und Gegröhle der Einwohner werden die Ankömmlinge von einem Energiestrahl aus dem Stein gescannt. Teal'c beginnt vor Schmerzen zu schreien, als der Strahl ihn erreicht. O'Neill versucht ihm zu Hilfe zu kommen, doch zum Schrecken der anderen verschwinden beide spurlos.

Eine Frau namens Gaerwen erklärt Sam und Daniel, dass Thor die Cimmerianer einst von der Erde geholt habe, um sie vor den Goa'uld zu schützen. Sie weiß zwar nicht, wie der Hammer wirkt, berichtet jedoch von einer anderen Frau, Kendra, die ihnen Genaueres darüber mitteilen könne und bietet ihnen an, sie zu ihr zu bringen.

O'Neill und Teal'c erwachen in einem unterirdischen Labyrinth. Ein Hologramm von Thor teilt ihnen mit, dass der „Hohe Rat von Asgard" Cimmeria zu einer geschützten Welt erklärt habe, die kein Goa'uld betreten dürfe. Nur wenn sie sich dem Hammer am Ausgang stellen würden, könnten sie es wieder verlassen. Dies sei allerdings nur dem Wirtskörper möglich, während ein Goa'uld-Parasit getötet würde.

Das gleiche erfahren Sam und Daniel derweil auch von Kendra. Sie trug auch einst einen Goa'uld in sich, der durch den Hammer getötet wurde. Sofort schöpft Daniel Hoffnung, auch Sha'uri eines Tages auf diese Art befreien zu können. Kendra begreift zwar nicht, warum ihre Besucher mit einem Jaffa befreundet sind und ihn retten wollen, erklärt sich aber widerstrebend bereit, sie zum Labyrinth zu führen.

Dort begegnen O'Neill und Teal'c einem Goa'uld, der sich Unas, der Erste nennt. Teal'c berichtet, dass die Goa'uld zwar Menschen als Wirte bevorzugen, aber auch auf andere, ältere Rassen wie die Unas zurückgegriffen hätten, deren Körper eine ungeheure Fähigkeit zur Regeneration besäßen. Es kommt zum Kampf, in dessen Verlauf O'Neill Unas mit seiner Maschinenpistole verwundet, während Teal'cs Stablanze nicht funktioniert. Unas flieht, greift sie aber bald darauf erneut an. Diesmal haben die Kugeln kaum noch eine Wirkung auf ihn.

O'Neill und Teal'c erreichen den Ausgang, der wie ein Hammer geformt ist. Als der Jaffa ihn zu passieren versucht, peinigen ihn schreckliche Schmerzen, er muss umkehren. Wieder werden sie von Unas angegriffen, den die Kugeln diesmal nicht mehr stoppen können. Teal'c reißt ihn mit sich in den Ausgang und hält ihn dort fest, bis Unas stirbt, während O'Neill den Jaffa gerade noch rechtzeitig zurückziehen kann.

Kendra erreicht mit Sam und Daniel den Ausgang von der anderen Seite. O'Neill wirft Daniel Teal'cs Stablanze zu, die auf der äußeren Seite wieder funktioniert. Daniel begreift, dass die einzige Möglichkeit, Teal'c zu befreien, darin besteht, den hammerförmigen Ausgang zu zerstören. Er tut dies schließlich, obwohl er damit auch einen Weg vernichtet, Sha'uri zu befreien.

Bemerkungen:

Gleich drei interessante Aspekte werden in dieser Episode angesprochen. Zum einen steht nun fest, dass es außer den Nox noch weitere Außerirdische gibt, die den Goa'uld gewachsen und nicht gut auf sie zu sprechen sind. Aanders als die friedliebenden Nox oder Nem, die sich vor ihnen fürchtet, kämpfen sie aktiv gegen die Goa'uld. Wenn es den Menschen gelingen sollte, Kontakt mit ihnen aufzunehmen und sich mit ihnen zu verbünden, hätten sie eine reale Chance, den Kampf gegen die Goa'uld zu gewinnen.

Ganz so hochtrabend ist die Idee mit einem entsprechenden Bündnis nicht einmal, da einige dieser den Menschen wohlgesonnenen Außerirdischen die Erde offenbar schon einmal besucht haben, und ihr Wirken genau wie das der Goa'uld in Form alter Mythen überliefert wurde.

Omarrokah, Nems Gefährtin, bildete den Auftakt, und auch Thor dürfte kaum mehr als die Spitze des Eisberges sein. In den germanischen Göttersagen hießen die Götter Asen und wohnten in einer Stadt namens Asgard. Die Erwähnung des „Hohen Rates von Asgard“ deutet darauf hin, dass es sowohl diesen Ort, wie auch die anderen Asen wirklich gibt, und Thor bezeichnet sich sogar als obersten

Befehlshaber der Flotte von Asgard. In der zweiten Staffel wird es SG-1 noch einmal nach Cimmeria verschlagen, wo diese Thematik wieder aufgegriffen wird.

Für Daniel dürfte in diesem Zusammenhang höchst interessant sein, dass außerirdische Völker die Technologie besitzen, einen Wirt von seinem Goa'uld-Parasiten zu befreien, ohne dass dies den Tod des Wirtes bedeutet. Die irdische Technologie ist davon noch weit entfernt, aber obwohl er die Anlage auf Cimmeria zerstört hat, darf er weiter auf eine Rettung Sha'uris hoffen.

Wenig beeindruckend, sondern eher lächerlich ist allerdings der Auftritt Thors, auch wenn es sich nur um ein Hologramm handelt.

Leider muss der deutsche Zuschauer auf einen Bonus besonderer Art verzichten. Um Unas bedrohlicher erscheinen zu lassen, beschloss man, ihn von dem bekannten Schauspieler James Earl Jones sprechen zu lassen, der eine ähnliche Rolle schon einmal übernommen hat: Er lieh auch Darth Vader in der Englisch sprachigen Originalfassung der ersten drei „Star Wars"-Filme seine Stimme. Als Schauspieler hat er bereits in zahlreichen Filmen mitgewirkt, wenn auch meist nur in kleineren Rollen. Fantasy-Fans dürfte er besonders als Darsteller von Thulsa Doom in „Conan, der Barbar" (Conan The Barbarian, USA 1982) in Erinnerung sein.

Folge 10: DIE QUALEN DES TANTALUS
OT: THE TORNAMENT OF TANTALUS

Drehbuch: Robert C. Cooper
Regie: Jonathan Glassner

Gaststars:
Catherine Langford – Elizabeth Hoffman
Ernest Littlefield – Keene Curtis
Techniker – Gary Jones
Professor Langford – Duncan Fraser

Inhalt:

Im Archiv entdeckt Daniel Aufzeichnungen, die beweisen, dass es bereits 1945 gelungen ist, das SternenTor zu aktivieren. Damals wurde sogar einen Mann hindurch geschickt, doch direkt hinter ihm war das Tor wieder zusammengebrochen.

Daniel wendet sich an Catherine Langford, seine frühere Mentorin, die ihn zum SG-Projekt geholt hat, selbst aber ausschied, als man davon ausging, dass das Projekt nach der vermeintlichen Zerstörung des Gegenstücks auf Abydos gescheitert sei. Obwohl diese Informationen der Geheimhaltung unterliegen, erzählt er ihr, dass man mittlerweile zahlreiche weitere Welten bereist habe.

Catherine ist sehr erbost darüber, dass man dies vor ihr geheim gehalten hat, doch Daniel wirft ihr vor, sie habe ihm schließlich auch nichts von den früheren Experimenten erzählt. Nun berichtet sie ihm, dass ihr Vater die Untersuchungen damals zusammen mit ihrem Verlobten, Ernest Littlefield, geleitet habe, allerdings sei das Tor damals für eine Waffe gehalten worden. Sie habe nicht gewusst, dass man es tatsächlich hatte aktivieren können, und dass ein Mann damals hindurch gegangen war.

Daniel zeigt ihr das Filmmaterial, und sie erkennt, dass es sich bei dem Mann um ihren Verlobten handelt. Ihr Vater hatte sie belogen und ihr mitgeteilt, Ernest wäre bei einer Explosion ums Leben gekommen.

Zusammen mit Catherine kehrt Daniel zur Basis zurück, wo Hammond zunächst sehr zornig ist, dass er geheime Informationen an eine Zivilperson weitergegeben hat. Dennoch genehmigt er schließlich eine Mission zu dem Planeten, auf den Ernest damals reiste, an der auch Catherine teilnimmt. Immerhin besteht die Hoffnung, dass Ernest noch lebt, zudem werden die Koordinaten dieses Planeten in den Karten der Goa'uld nicht aufgelistet. Möglicherweise waren sie niemals dort, was Daniels Theorie, sie wären nicht die Erbauer der SternenTore, neuen Auftrieb verleiht.

Das Team trifft in einem baufälligen burgähnlichen Gemäuer ein, wo die Ankömmlinge von einem alten, nackten Mann überschwenglich begrüßt werden. Ernest lebt tatsächlich noch, allerdings hat er seit fünfzig Jahren niemanden mehr gesehen oder gesprochen. Zum Entsetzen aller ist die Konsole, in der die Koordinaten für eine Rückkehr eingegeben werden müssen, beschädigt. Sam und Teal'c beginnen sofort mit dem Versuch, sie zu reparieren. Dies ist auch dringend nötig. Ein gewaltiger Sturm zieht auf, und die Burg befindet sich in so schlechtem Zustand, dass sie ihn voraussichtlich nicht mehr überstehen wird.

Ernest zeigt Daniel einen weiteren Raum, in dem sich Schriftzeichen von vier außerirdischen Rassen finden, darunter auch dem Volk, dem Thor entsprang. Als sie ein Gerät aktivieren, beginnen zahlreiche kleine Lichtgebilde den Raum zu erfüllen. Es handelt sich um die Darstellung aller Elemente, den Grundbausteinen des Universums. Sie bilden eine Art universelle Sprache. Was das Gerät ihnen zeigt, ist eine Art Buch, das möglicherweise Antworten enthält, die bis zur Entstehung des Universums reichen könnte. Voller Begeisterung beginnt Daniel, die Nachrichten zu entschlüsseln. Die Versuche, das Rückkehrgerät zu reparieren, schlagen fehl. Die Bemühungen führen sogar dazu, dass ein Teil des Bodens einbricht und die Konsole ins Meer stürzt. Die einzige Hoffnung, das SternenTor jetzt noch zu aktivieren, stellt das Unwetter dar, da ein Blitz die nötige Energie liefern könnte.

Nur Daniel ist von den Enthüllungen, die in der unterirdischen Kammer zum Greifen nahe sind, so gebannt, dass er nichts anderes um sich herum mehr wahrnimmt. Ernest versucht ihn zu überzeugen, dass sämtliche Geheimnisse, die er dort erfahren könnte, es nicht wert seien, sein Leben dafür zu opfern. Diese Lehre habe er am eigenen Leib erfahren. Trotzdem will Daniel zurückbleiben, um das SternenTor notfalls von dieser Seite aus wieder freiräumen zu können, falls es verschüttet werden sollte. Ihm droht ein ähnliches Schicksal wie zuvor schon Ernest.

Gewaltsam bringt O'Neill ihn schließlich davon ab, nachdem die Aktivierung des Tores durch einen Blitz tatsächlich gelungen ist. Die Burg beginnt bereits in sich zusammenzubrechen, doch im letzten Moment erreichen die beiden das SternenTor und springen hindurch, nachdem die anderen es bereits passiert haben.

Wenig später wird versucht, es noch einmal mit den Koordinaten des unbekannten Planeten zu öffnen, doch der Versuch schlägt fehl. Offenbar ist das SternenTor auf der anderen Seite zerstört worden.

Bemerkungen:

Der Titel der Episode bezieht sich darauf, dass Ernest Daniel mit Tantalus vergleicht. Dieser wurde in der griechischen Mythologie für einen Frevel von den Göttern in den Hades verbannt, wo er bis zum Kinn im Wasser stehen musste, das jedoch stets vor ihm zurückwich, wenn er davon zu trinken versuchte. Auch Daniel hat das, was er begehrt, dicht vor Augen, kann es aber dennoch nicht erreichen.

Daniel und Ernest als junger Mann ähneln sich ebenfalls in vielerlei Hinsicht, wie Catherine erklärt. Sie hat Daniel zum SG-Projekt geholt, weil er von einer ungeheuren Forschungsleidenschaft besessen ist, genau wie es bei ihrem Verlobten einst der Fall war. Ernest hatte seinen Eifer teuer bezahlen müssen, Daniel hingegen kann diesem Schicksal gerade nochmal entgehen.

Die Idee, sich die Energie von Blitzen zunutze zu machen, ist nicht neu. Bereits der bedeutende amerikanische Staatsmann und Wissenschaftler Benjamin Franklin (1706–1790) ließ einen Drachen bei einem Gewitter aufsteigen, um die Energie eines Blitzes einzufangen. Dr. Frankenstein erweckte sein Geschöpf auf diese Art zum Leben, und Marty McFly konnte in „Zurück in die Zukunft“ (Back To The Future, USA 1985) nur mit Hilfe der Energie eines Blitzes wieder in seine Zeit zurückkehren.

Das Wiedertreffen zwischen Catherine und Ernest wird sehr glaubwürdig beschrieben. In den langen Jahren der Einsamkeit, hat er – wie aus seinen Aufzeichnungen hervorgeht – zu phantasieren angefangen, sie wäre bei ihm und hätte ihm längst verziehen. In der Realität braucht sie hingegen Zeit, um zu verdauen, dass er ihre gemeinsame Zukunft einst wegen seines Forschungseifers geopfert hat.

Etwas merkwürdig ist, dass die Sonde, die man vor Beginn der Mission bereits durch das SternenTor geschickt hat, nicht schon Bilder des Verschollenen geliefert hat, da dieser doch wohl nach der Aktivierung des SternenTors sofort dorthin geeilt sein dürfte.

Wirklich ärgerlich hingegen ist, dass wieder einmal ein haarsträubender Zufall bemüht wurde, um zusätzliche Spannung zu schaffen. Die Anlage auf dem Planeten ist vermutlich schon unvorstellbar alt, und Ernest lebt dort seit über fünfzig Jahren. Unmittelbar nach Eintreffen von SG-1 droht diese jedoch binnen weniger Stunden zusammenzubrechen, was dann auch geschieht.

Folge 11: DER KUSS DER GÖTTIN
OT: HATHOR

Drehbuch: Jonathan Glassner
Regie: Brad Turner

Gaststars:
Hathor – Suanne Braun
Dr. Frasier – Teryl Rothery
Dr. Kleinhouse – Dave Hurtubise
Dr. Cole – Amanda O'Leary

Inhalt:
Zwei Forscher dringen in einer mexikanischen Maya-Pyramide in eine verborgene Kammer vor. Hier entdecken sie einen Sarkophag mit ägyptischen Schriftzeichen. Eines davon ist das Symbol der Göttin Hathor. Als sie den Sarkophag öffnen, entsteigt ihm eine äußerst lebendige junge Frau, die sie mit der verzerrten Stimme eines Goa'uld fragt, wer von ihnen Ra sei. Als sie erkennt, dass sie es mit normalen Menschen zu tun hat, tötet die Frau die beiden.

Der Sarkophag wird zur SG-Basis geschickt, wo man sofort erkennt, dass es sich um ein gleichartiges Gerät wie das an Bord von Ras Raumschiff handelt, durch das Daniel und Sha'uri auf Abydos wieder zum Leben erweckt wurden. Kurz darauf wird eine Frau verhaftet, die in die Basis einzudringen versucht hat und über das SternenTor Bescheid zu wissen scheint. Sie stellt sich ihnen als Hathor vor, die altägyptische Göttin der Fruchtbarkeit, Tochter und Gattin des Ra. O'Neill hält sie für verrückt, aber Hammond will mehr darüber herausfinden, was sie vom SternenTor weiß. Sie küsst Daniel und Hammond die

Hand, wobei ihrem Mund ein violetter Nebel entströmt und in die Hand der Männer eindringt.

Erst als sie mit Daniel allein ist, offenbart sie sich ihm als Goa'uld und verlangt Klarheit über Ras Schicksal. Daniel gesteht ihr, dass sie ihn getötet hätten, worüber sie sehr erfreut ist, da er sie missbraucht und gequält habe. Sie verführt Daniel und bringt ihn vollends unter ihre Kontrolle. Er erklärt den anderen, Hathor sei immer eine Freundin der Menschheit gewesen und habe verhindern wollen, dass Ra diese versklavt. Nun könne sie eine wertvolle Verbündete im Kampf gegen die anderen Goa'uld sein, die sie verabscheut.

Sie wird zu einer Besprechung geladen und schlägt innerhalb kurzer Zeit alle Männer durch den merkwürdigen Nebel in ihren Bann. Nur Carter und Teal'c sind davon nicht betroffen und beobachten mit wachsendem Misstrauen, wie die anderen Hathor jeden Wunsch erfüllen.

Nach der Besprechung bleibt sie mit Daniel allein. Sie teilt ihm mit, sie habe ihn zu ihrem Geliebten auserkoren. Sie sei die Mutter der Götter, alle anderen stammten von ihr ab. Aus ihr und wenigen anderen entstünden die Larven. Um sicherzugehen, dass der Wirt die Larve nicht abstößt, benötigt sie allerdings den biologischen Code eines Wirtvolkes, seine DNS. Diese entnimmt sie Daniel.

Derweil trifft sich Carter mit Dr. Frasier und berichtet ihr von ihrem Misstrauen und dem seltsamen Verhalten der anderen. Die beiden stellen im Internet Nachforschungen über Hathor an, die unter verschiedenen Namen in allen Mythologien auftaucht. Ihr wird die Fähigkeit zugeschrieben, alle Männer in ihren Bann ziehen zu können. Teal'c erklärt, Hathor wolle die Basis zu ihrem Nest für eine neue Generation von Goa'uld machen, was verhindert werden müsse.

Die drei dringen bis in Hathors Quartier vor, wo diese in einer Wanne liegt, um ihre Larven zu gebären. Hammond, O'Neill und einige andere stellen sich schützend vor sie. Carter, Teal'c und Dr. Frasier werden gefangen genommen, können sich jedoch wenig später wieder befreien. Da Hathor die Männer hormonell beeinflusst hat, sind diese auch Carters und Frasiers weiblichen Reizen ausgeliefert und können überwältigt werden.

Hathor bestimmt O'Neill zu ihrem ersten Jaffa und öffnet eine Stelle an seinem Bauch, um ihm eine Larve einzusetzen. Carter und die anderen können dies gerade noch rechtzeitig verhindern, allerdings ist Jack durch einen Zusammenbruch seines Immunsystems ohne eine Larve zum Tode verurteilt. Er wird gerettet, indem sie ihn in Hathors lebenserhaltenden Sarkophag legen.

Kaum ist O'Neill wiederhergestellt, taucht Hathor auf, vernichtet den Sarkophag und flieht anschließend durch das SternenTor.

Bemerkungen:

Nach Ra und Apophis taucht mit Hathor eine weitere altägyptische Gottheit in der Serie auf, die auch in weiteren Episoden noch eine Rolle spielen wird.

In den meisten Mythologien wird sie als mildtätige, den Menschen wohlgesonnene Göttin der Liebe und Fruchtbarkeit verehrt; bei den Griechen zum Beispiel als Aphrodite, bei den Römern als Venus. Bei den Ägyptern änderte sich jedoch in späterer Zeit die Einschätzung Hathors. Nachdem die Menschen sich von den Göttern abgewandt hatten, erhielt Hathor von Ra den Auftrag, die Menschheit zu töten. Dann aber bereute Ra diesen Entschluss, doch Hathor war nicht mehr bereit, von ihrem Tun abzulassen. Ra lockte sie in eine Falle und verbannte sie, was ihren Hass auf ihn erklärt.

Leider wird auch in dieser ansonsten interessanten Episode mal wieder die Glaubwürdigkeit zugunsten eines spannenderen Handlungsverlaufs zurückgestellt. Wenn man einen Goa'uld-Sarkophag entdeckt und eine Frau, die behauptet, die ägyptische Göttin Hathor zu sein, warum untersucht man sie nicht als erstes darauf, ob sie ein Goa'uld ist? Hierzu würde schon eine einfache Röntgenaufnahme reichen. Stattdessen hält man sie für eine Verrückte und wundert sich lediglich, wie sie etwas über das SternenTor wissen kann. Hätte man sie von Anfang an als das erkannt, was sie ist und entsprechende Vorsichtsmaßnahmen ergriffen, wäre es ihr wohl kaum so ohne weiteres möglich gewesen, die Basis in ihre Gewalt zu bringen.

Fragwürdig bleibt auch, wieso sie eine Probe menschlicher DNS von Daniel braucht, denn schließlich hat sie schon vor Jahrtausenden ihre Larven in menschlichen Wirtskörpern abgelegt.

Alles in allem ist mit Hathor jedoch eine faszinierende neue Gegnerin aufgetaucht, und auch das Geheimnis, wie sich die Goa'uld vermehren, wird gelöst.

Folge 12: BLUTSBANDE
OT: BLOODLINES

Drehbuch: Jeff King
Regie: Mario Azzopardi

Gaststars:
Bra-Tac – Tony Amendola
Drey-Auc – Salli Richardson
Dr. Frasier – Teryl Rothery
Rya'C – Neil Denis

Inhalt:
Der Versuch, Teal'c seinen Parasiten operativ zu entfernen, scheitert. Dr. Frasier erklärt, dass seine Organe im gleichen Moment zu funktionieren aufgehört hätten, in dem ihm der Goa'uld entnommen worden wäre, da dieser sein Immunsystem darstellen würde. Frasier ist über den Fehlschlag sehr enttäuscht, denn vielen Kranken könnte geholfen werden, wenn man den Parasiten studieren und das System, nach dem er arbeitet, kopieren könnte. Teal'c weist darauf hin, dass es auf seiner Heimatwelt Chulak zahlreiche Larven gäbe, doch angesichts der Macht der Goa'uld auf dieser Welt nimmt niemand den Vorschlag, von dort welche zu holen, sonderlich ernst.

Unter vier Augen gesteht Teal'c O'Neill, dass er seine Frau und seinen Sohn bei der Flucht auf Chulak zurückgelassen habe. Er habe nur versichert, keine Angehörigen mehr dort zu haben, um nicht den Eindruck zu erwecken, dadurch erpressbar zu sein. Nun sei der Zeitpunkt gekommen, an dem sein Sohn Rya'c selbst einen Parasiten eingesetzt bekommen soll, was Teal'c unbedingt verhindern wolle. Als weiteres Argument bietet er an, dass sein ehemaliger Lehrmeister Bra-Tac selbst wisse, dass die Goa'uld falsche Götter seien, und man dadurch vielleicht neue Verbündete gewinnen könne. Angesichts der zu erwartenden Gefahr lehnt Hammond dennoch jede weitere Expedition nach Chulak ab. Teal'c aber ist entschlossen zu gehen. Nur durch Waffengewalt kann der General ihn aufhalten. Da er weiß, dass Teal'c allein keine Chance hat, schickt er ihm schließlich das gesamte Team mit.

In seiner Jaffa-Uniform trifft Teal'c dort ein und behauptet, die anderen seien Gelehrte vom Hofe des Apophis, woraufhin man sie weiterziehen lässt. Sie erreichen Teal'cs früheres Haus, das aufgrund seines Verrats jedoch niedergebrannt wurde. Sie treffen sich mit Bra-Tac, der ihnen erklärt, Teal'cs Frau und sein Sohn seien dem Feuer entkommen und würden zusammen mit anderen Ausgestoßenen in einem Lager vor der Stadt leben. Er habe damit gerechnet, dass Teal'c zu der Zeremonie zurückkehren werde. Bra-Tac ist über die Anwesenheit der Menschen zornig, da er ihnen nichts zutraut. Probehalber greift er O'Neill an, der den Angriff abwehrt und ihn überwältigt, woraufhin Bra-Tac seine Einstellung ändert.

Daniel und Sam werden zum SternenTor zurückgeschickt, um dort auf sie zu warten, während sich O'Neill mit den beiden Jaffa auf die Suche nach Teal'cs Familie macht. Sie erreichen das Lager, wo ein Priester gerade seinem Sohn einen Parasiten einsetzen will. Teal'c tötet den Priester, wobei auch das Gefäß mit der Larve zerstört wird, obwohl Drey-Auc, seine Frau, ihn davon abzuhalten versucht. Verzweifelt erklärt Drey-Auc, dass sie die Priester hätte anbetteln müssen, die Zeremonie an ihrem Sohn durchzuführen, weil dieser schwer krank sei und der Parasit seine letzte Hoffnung gewesen sei. Sie macht Teal'c bittere Vorwürfe wegen seines Verrats, doch er beharrt darauf, dass er richtig gehandelt habe.

Auf dem Rückweg zum SternenTor treffen Sam und Daniel auf eine Gruppe von Mönchen, die einen großen Behälter bei sich tragen, der offenbar kultisch verehrt wird. Sie folgen der Gruppe zu einem Tempel. Dort entdecken sie, dass es sich bei dem Behälter um einen Tank voller Goa'uld-Larven handelt. Sam fängt eine von ihnen ein. Obwohl sie ihn davon abzuhalten versucht, weil er sonst selbst nicht besser als die Goa'uld sei, zerstört Daniel anschließend den Tank.

In der Zwischenzeit sieht sich O'Neill Teal'cs Sohn genauer an und stellt fest, dass der Junge an Scharlachfieber leidet, einer Krankheit, die auf der Erde geheilt werden kann. Er selbst führt nicht die nötigen Medikamente bei sich, der Junge muss durch das SternenTor gebracht werden. Schon bald wird jedoch deutlich, dass er den weiten Weg dorthin nicht schaffen wird. Obwohl Teal'c weiß, dass es ihn selbst binnen kurzer Zeit töten wird, setzt er seinem Sohn seinen eigenen Parasiten ein. Zwar beginnt sich Rya'c fast sofort zu erholen, doch dafür wird Teal'c immer schwächer. Er will Bra-Tac bereits seinen letzten Willen mitteilen, als Sam und Daniel auftauchen. Sie setzten Teal'c die Larve ein, die sie bei sich führen.

Als er sich wieder erholt hat, lässt Teal'c seine Frau und seinen Sohn zurück, nachdem er Rya'c aufgefordert hat, den Lehren Bra-Tacs zu folgen, um ein großer Krieger zu werden, damit sie eines Tages Seite an Seite gegen die falschen Götter kämpfen können.

Bra-Tac begleitet das Team zum SternenTor und behauptet den Wachen gegenüber, die anderen seien seine Gefangenen. Dennoch lässt man ihn nicht passieren. Daraufhin tötet Bra-Tac die Wachen. Ungehindert kann SG-1 zur Erde zurückkehren, in der Gewissheit, nun auch unter Apophis' Jaffa einen einflussreichen Verbündeten zu haben.

Bemerkungen:

Chulak ist nicht nur Teal'cs Heimatwelt, sondern auch eine von Apophis Hochburgen. Insofern war abzusehen, dass SG-1 über kurz oder lang dorthin zurückkehren würde. Außer dadurch, dass er ein tapferer Kämpfer ist, einiges über die Goa'uld weiß und nicht mehr spricht, als unbedingt nötig, ist bislang wenig über Teal'c bekannt gewesen. Die Tatsache, dass er eine Familie hat, bringt ihn dem Zuschauer menschlich näher. Auch wird erst dadurch richtig deutlich, wie schwer ihm sein Entschluss im Pilotfilm gefallen sein muss, sich den Menschen anzuschließen. Erst jetzt weiß man, welch großes Opfer er für seinen Verrat erbringen musste.

Mit Bra-Tac gewinnt das SG-Kommando einen wichtigen Verbündeten, dessen enorme Bedeutung sich in den späteren Episoden noch herausstellen wird.

Als Daniel vor dem Tank mit den Larven steht, offenbart sich, wie groß sein Hass auf die Goa'uld ist. Er kann nur daran denken, dass jede der Larven heranwachsen und eines Tages jemanden als Wirt versklaven wird. Sam ermahnt ihn zwar, dass er nicht besser als die Goa'uld sei, wenn er die hilflose Brut vernichten würde, dennoch ist sein Hass zu groß, als dass er ihn bändigen könnte. Dies verleiht auch ihm, der anfangs etwas übertrieben pazifistisch wirkte, einen interessanten Charakter.

Folge 13: CASSANDRA
OT: SINGULARITY

Drehbuch: Robert C. Cooper
Regie: Mario Azzopardi

Gaststars:
Dr. Frasier – Teryl Rothery
Cassandra – Katie Stuart
Techniker – Gary Jones
Dr. Warner – Kevin McNulty

Inhalt:

SG-1 reist auf den Planeten Hanka, wo SG-7 ein Teleskop errichtet hat, um während einer bevorstehenden Sonnenfinsternis die Ereignisse rund um ein Schwarzes Loch zu beobachten. Allerdings findet sich niemand zu ihrer Begrüßung ein, weder ein Bewohner des nahegelegenen Dorfes, noch ein Mitglied des anderen Teams. Kurz darauf findet man einen Toten, dessen Haut mit einer Art Ausschlag bedeckt ist. Sofort zieht man Schutzanzüge an. Die gesamte Bevölkerung des Dorfes, wie auch die Mitglieder von SG-7 sind tot, gestorben an einer bislang unbekannten Seuche. Da SG-7 keine Warnung geschickt hat, ging offenbar alles unglaublich schnell.

Auf der Erde werden die Mitglieder von SG-1 untersucht, doch es stellt sich heraus, dass sie nicht infiziert sind. Zusammen mit einem medizinischen Team unter Leitung von Dr. Frasier kehren sie nach Hanka zurück, um die Toten zu kennzeichnen und zu bergen. Dabei finden sie die einzige Überlebende, ein kleines Mädchen namens Cassandra. Im Observatorium untersucht Frasier das Mädchen und findet heraus, dass es zwar keine Krankheitserreger im Blut hat, wohl aber Spuren des Elements, aus dem das SternenTor besteht. Das scheint der Grund für ihr Überleben zu sein.

Bis auf O'Neill und Teal'c, die die Mission zu Ende führen und das Schwarze Loch beobachten wollen, kehren alle mit dem Mädchen zur Erde zurück. In der Basis bekommt Cassandra ein eigenes Zimmer. Sam kümmert sich mütterlich um sie. Als Cassandra über Schmerzen klagt, lässt Sam sie sofort untersuchen. Dabei hört das Herz des Mädchens auf zu schlagen, kann jedoch erfolgreich reanimiert werden. Eine Röntgenaufnahme zeigt einen Fremdkörper in ihrem Brustkorb. Als Dr. Frasier eine Sonde in den Brustkorb des Mädchens einführt, um den Gegenstand zu untersuchen, hört das Herz sofort wieder auf zu schlagen. Dr. Frasier stellt fest, dass eine Hälfte des Fremdkörpers aus Eisen und Kalium besteht, die andere aus dem Material des SternenTors. Zwischen beiden liegt eine sich langsam auflösende Fettschicht. Wenn beide Hälften aufeinander treffen, wird eine Explosionswucht wie bei einer Atombombe freigesetzt. Bis dahin bleiben nur noch knapp zwei Stunden Zeit. Man kann die Bombe nicht entfernen, ohne Cassandra dabei zu töten.

Sam ist entsetzt über die Kaltblütigkeit der Goa'uld. Sie haben mehr als tausend Menschen auf Hanka getötet und Cassandra absichtlich verschont, damit sie zur Erde gebracht würde, wo die Bombe die SG-Basis zerstören soll. Deshalb ist die Bombe auch erst aktiviert worden, als Cassandra durch das SternenTor ging. Als er davon erfährt, ordnet Hammond an, das Mädchen sofort auf gleichem Weg zurückzuschicken.

Bei der Beobachtung des Schwarzen Lochs während der Sonnenfinsternis auf Hanka entdecken O'Neill und Teal'c im Orbit ein Kampfschiff der Goa'uld, das zuvor durch das Sonnenlicht verborgen war. Teal'c identifiziert es als ein Schiff des Goa'uld Nelti, eines alten Feindes von Apophis. Er berichtet, dass Nelti einmal einen Unterhändler zu Apophis geschickt habe, das Verhandlungsangebot jedoch nur eine List gewesen sei. Als der Unterhändler erneut durch das SternenTor gegangen sei, habe es eine gewaltige Explosion gegeben, die dieses zerstört habe. O'Neill begreift, dass das Mädchen genau das gleiche bewirken könnte. Verfolgt von zwei herannahenden Todesgleitern fliehen die beiden zum SternenTor, um die Erde zu warnen. Sie treffen gerade noch rechtzeitig dort ein, um zu verhindern, dass Cassandra, die auf der Rampe bewusstlos zusammengebrochen ist, durch das Tor gebracht werden kann.

Cassandra muss nun jedoch an einen Ort gebracht werden, an welchem die Explosion niemanden gefährden kann. O'Neill schlägt ein nahegelegenes stillgelegtes Atomversuchsgelände vor. SG-1 und einige Marines begleiten das bewusstlose Mädchen dorthin. Sam bringt es mit dem Aufzug in einen dreißig Stockwerke unter der Erde liegenden Raum.

Auf dem Weg dorthin wacht Cassandra auf und fleht Sam an, sie nicht allein zu lassen, wie sie es versprochen habe. Carter ignoriert alle Befehle und bleibt bei ihr, auch wenn das ihren eigenen Tod bedeuten wird.

Soweit kommt es jedoch nicht. Der Countdown verstreicht, ohne dass etwas passiert. Stattdessen löst sich das Gerät so harmlos im Körper des Mädchens auf, wie es sich gebildet hat. Es wurde nur in der Nähe des SternenTors aktiv, deshalb ging es Cassandra auch stets schlechter, je näher sie dem Tor kam.

Da Sam zu oft unterwegs ist, soll sich Frasier um das Mädchen kümmern, bis man geeignete Eltern für sie gefunden hat.

Bemerkungen:

Ein kleines, verstörtes Mädchen als einzige Überlebende einer Katastrophe, eine Frau, die sich mütterlich um es sorgt, sogar ihr Leben für sie riskiert – die Thematik erinnert frappierend an „Aliens – Die Rückkehr“ (Aliens II, USA 1986), wo Ripley sich der kleinen Newt annimmt.

Die anfängliche Befürchtung, es könnte sich wieder einmal um eine Folge handeln, in der ein biologisches Problem das SG-Projekt bedroht, und die einzige Spannung darin besteht, ob es Frasier rechtzeitig gelingt, das Gegenmittel zu finden, erfüllt sich zum Glück nicht. Stattdessen wird ein – ziemlich melodramatisch aufbereiteter – menschlicher Konflikt in den Mittelpunkt gestellt, der einmal mehr die Brutalität und Skrupellosigkeit der Goa'uld zeigt, wobei Cassandra als eine Art „Trojanisches Pferd“ eingesetzt wird. Interessant ist hierbei, dass Nelti ein Feind von Apophis ist, dass die Goa'uld sich also auch untereinander bekriegen.

Frasier befürchtet zunächst, die Seuche könne durch SG-7 von einem anderen Planeten nach Hanka gebracht worden sein. Eigentlich müssten die SG-Teams auf fremden Planeten stets in Schutzanzügen herumlaufen. Man denke nur an H.G. Wells Roman „Der Krieg der Welten“, in dem die Marsianer die Erde fast schon unterworfen haben, dann aber an einer simplen Erkältung sterben.

Folge 14: VERGELTUNG
OT: COR-AI

Drehbuch: Tom J. Astle
Regie: Mario Azzopardi

Gaststars:
Hanno – David McNally
Apophis – Peter Williams
Junge Frau – Paulina Gillis
Alte Frau – Christina Jastrzembska

Inhalt:
Bei der Ankunft auf dem Planeten Asap stellt Teal'c fest, dass er schon einmal hier gewesen ist. Er erklärt, die Goa'uld würden bevorzugt auf dieser Welt Jagd auf Wirte machen. Aus diesem Grund hätten sich die Einwohner, die Byrsa, deren Zivilisationsstand etwa dem des Mittelalters entspricht, auch vor den Ankömmlingen versteckt. Während das Team die Häuser durchsucht, gerät es in einen Hinterhalt der Dorfbewohner, die bei Teal'cs Anblick noch aggressiver werden. Einer von ihnen, Hanno, behauptet, Teal'c habe seinen Vater getötet. Immerhin soll er, obwohl er ein Jaffa ist, ein faires Verfahren bekommen. Man will ihn vor den Cor-Ai bringen. O'Neill und die anderen vermuten, dass dies eine Gerichtsverhandlung sei.

Teal'c erinnert sich, dass er Hannos Vater tatsächlich getötet hat – allerdings auf direkten Befehl von Apophis. Auf Anraten O'Neills schweigt er zu den Vorwürfen und wird eingesperrt, während die übrigen Mitglieder des Teams bis zum Urteil bleiben dürfen. O'Neill schlägt vor, Teal'c gewaltsam zu befreien, doch der Jaffa selbst lehnt dies ab. Seiner Meinung nach schulden sie den Einwohnern

Respekt. Daher will er sich seinen in der Vergangenheit begangenen Taten stellen.

O'Neill beschließt, seine Verteidigung zu übernehmen. Als Sam einwendet, dass Daniel geeigneter dafür sei, beschließt er, dass sie alle drei diese Aufgabe übernehmen sollten.

Der Cor-Ai unterscheidet sich stark von einer Gerichtsverhandlung nach amerikanischem Vorbild. Zu O'Neills Entsetzen und gegen seinen Protest gibt es keinen unvoreingenommenen Richter, sondern als engster Betroffener führt Hanno selbst die Verhandlung. Auch Teal'c erweist sich als ziemlich schwieriger Angeklagter, denn er gesteht direkt seine Schuld. Es hat fast den Anschein, als wolle er bestraft werden, um für seine früheren Verbrechen zu büßen.

Daniel stellt fest, dass ihre einzige Chance darin besteht, zu beweisen, dass Teal'c ein anderer geworden ist. Aus diesem Grund befragt O'Neill Daniel vor dem Gericht über Sha'uri, die damals von Teal'c als Wirt für Apophis' Gefährtin ausgewählt wurde. Daniel erklärt, dass er anfangs zwar voller Hass gewesen sei, mittlerweile aber Freundschaft mit Teal'c geschlossen habe, weil dieser sich geändert habe und nun alles dafür tun würde, ihm zu helfen, Sha'uri zu retten – selbst wenn er dafür sein eigenes Leben opfern müsse.

Teal'c sagt aus, wie es anschließend weitergegangen ist: Apophis habe ihm befohlen, die mehr als fünfzig unbewaffneten Gefangenen zu töten, er aber habe den Befehl verweigert und stattdessen die Wachen angegriffen.

Derweil kehrt O'Neill entgegen Teal'cs Protest mit Sam zur Erde zurück. Er will von dort Verstärkung holen, um den Jaffa gewaltsam zu befreien.

Daniel führt die Verteidigung weiter. Nachdem er mit einer jungen Frau gesprochen hat, wird ihm klar, wie er argumentieren muss, denn es ist die Art der Byrsa, bei ihrer

Flucht vor den Goa'uld niemanden zurückzulassen. Entweder gehen sie alle oder keiner. Daniel legt dar, dass Apophis Teal'c den Befehl gegeben habe, einen der Menschen zu töten, ansonsten würde er alle töten lassen. Daraufhin habe Teal'c einen einbeinigen alten Mann ausgewählt und ihn erschossen, da er oft genug erlebt habe, dass Apophis seine Drohungen in die Tat umzusetzen pflegt. Insofern habe Teal'c die anderen Menschen durch sein Tun gerettet.

Hanno zeigt sich diesen Argumenten gegenüber jedoch unempfänglich und besteht auf Teal'cs Hinrichtung am nächsten Tag.

Auf der Erde weigert sich Hammond, O'Neill die gewünschte Verstärkung zu gewähren. Teal'c sei kein Bürger der USA, und juristisch sei er tatsächlich ein Kriegsverbrecher. Man habe deshalb kein Recht, sich in die inneren Angelegenheiten eines fremden Volkes einzumischen. Diese Auffassung werde auch vom Präsidenten geteilt.

Zornig kehren Carter und O'Neill allein nach Asap zurück, wo mittlerweile Jaffa eingetroffen sind, um weitere Wirte zu holen. Die beiden nehmen den Kampf gegen die Jaffa auf. Einige von diesen haben jedoch bereits den Fluchtort der Byrsa entdeckt, zu dem auch Teal'c und Daniel gebracht wurden. Als einer der Jaffa seinen Helm öffnet, zeigt sich, dass es sich um Shak'l handelt, Teal'c ehemaligen Schüler, mit dem er auf der Welt der Nox bereits wieder zusammengetroffen ist. Natürlich erkennt Shak'l seinen früheren Lehrer sofort. Bevor er Teal'c jedoch hinrichten kann, befreit dieser sich von seinen Fesseln. Er tötet Shak'l und feuert mit dessen Stablanze auf die anderen Jaffa. Damit rettet er die Byrsa, wird aber selbst verwundet. Hanno verzichtet daraufhin auf die Vollstreckung des Urteils und lässt Teal'c frei.

O'Neill bietet den Byrsa auch weiterhin Hilfe gegen die Goa'uld und die Jaffa an, die diese dankend annehmen.

Bemerkungen:

Die Episode behandelt ein auch in der Gegenwart noch brisantes juristisches, moralisches und vor allem politisches Thema: die Schuld von Kriegsverbrechern. O'Neill drängt Teal'c, sich damit herauszureden, dass er nur auf Befehl gehandelt habe, und die Schuld nur auf Seiten dessen läge, der die Befehle erteilt hat. Teal'c jedoch weigert sich, diesen Weg zu gehen, weil er weiß, dass er selbst Schuld hat.

Besonders höhnisch klingt in diesem Zusammenhang Hammonds Argumentation – die auch vom Präsidenten geteilt wird – man dürfe sich nicht in die Angelegenheiten eines anderen Volkes einmischen. Wütend fragt O'Neill daraufhin nur, seit wann dies denn so sei. Auch er habe bei der Army auf Befehl seiner Vorgesetzten bereits schlimme Dinge tun müssen. Dennoch würde die amerikanische Regierung nicht zögern, ihn notfalls mit Gewalt zu befreien, wenn es berechtigte Aussicht darauf gäbe. Hammond kann sich nur noch in das Argument flüchten, Teal'c sei nun mal kein amerikanischer Staatsbürger.

Gut nur, dass Teal'c nicht Zeuge dieses Gesprächs gewesen ist. Niemand könnte es ihm verdenken, wenn er sich sonst vom SG-Projekt losgesagt und sich einer anderen Widerstandsgruppe auf irgendeinem anderen Planeten angeschlossen hätte, um von dort aus den Kampf gegen die Goa'uld weiterzuführen.

Leider hat die Episode ein gravierendes Problem. So interessant die moralischen Verwicklungen sind – besonders dadurch, dass der Zuschauer auf der Seite eines Mannes steht, der juristisch tatsächlich ein Kriegsverbrecher ist – so entsteht dennoch wenig Spannung, da niemand ernsthaft daran zweifeln kann, dass Teal'c letztlich überleben wird. Man wartet im Grunde schon die ganze Zeit darauf, dass Jaffa auftauchen – am besten noch unter der Führung von Apophis –, damit Teal'c die Byrsa vor ihnen retten kann.

Der Name des Planeten ist ein sarkastisches Wortspiel, wenn man bedenkt, dass es hier um die Strafe für ein Verbrechen geht, das bereits viele Jahre zurückliegt. In Amerika ist Asap eine gebräuchliche Abkürzung für „as soon as possible“ – so bald wie möglich.

Folge 15: ENIGMA
OT: ENIGMA

Drehbuch: Katharyn Powers
Regie: William Gereghty

Gaststars:
Omack – Tobin Bell
Nereem – Garwin Sanford
Colonel Mayborne – Tom McBeath
Tuplo – Gerard Plunkett

Inhalt:
SG-1 landet auf Tollan, einer zum Untergang verurteilten Welt voller vulkanischer Aktivitäten. Die Luft ist voller Asche. Einige Geräte deuten darauf hin, dass die hiesige Zivilisation der irdischen deutlich überlegen ist. Zwischen zahlreichen Toten findet man einige bewusstlose Menschen. Einer von ihnen kommt kurz zu sich und bittet darum, ihnen nicht zu helfen. Das SG-1 Team hält sich nicht daran und bringt insgesamt zehn Überlebende durch das SternenTor zur Erde.

Omack, der Anführer der Geretteten, kommt in der Krankenstation zu sich. Er bestreitet, dass er von O'Neill und den anderen gerettet worden sei, da bereits ein Rettungstrupp zu ihnen unterwegs gewesen sei. Unfreundlich erklärt er, er finde es einfach unglaublich, dass so primitive Geister wie die Menschen in der Lage seien, das System der SternenTore zu entschlüsseln. Außerdem behauptet er, die Tollaner wüssten zwar, dass es die Goa'uld gäbe, sie seien jedoch nicht mit ihnen befeindet. Dann verlangt er, dass man ihn und die anderen unverzüglich zurückbringt. Carter arbeitet an einer verbesserten, flugfähigen Version der bisher eingesetzten Sonde, mit der sie erkunden will, ob es auf Tollan wieder sicher ist. Daniel teilt ihr mit, er habe versucht, noch weiter mit den Tollanern zu reden, doch diese hätten nur Fragen gestellt, ohne Antworten zu geben. Einer von ihnen habe sich vor allem über sie, Sam Carter, erkundigt. Sie wird zu ihm gebracht – es handelt sich um Nereem, den jungen Mann, der sie auf Tollan gebeten hat, ihnen nicht zu helfen.

Da er sich sehr für die Erde interessiert, soll Sam ihn ein wenig an der Oberfläche herumführen. Nereem bedankt sich für die Rettung, auch im Namen der anderen. Er interessiert sich vor allem für die irdische Fauna, da es auf Tollan schon seit langem keine Tiere mehr gibt. Als das Gespräch auf Omack kommt, behauptet er, dieser sei nicht so hart, wie es den Anschein habe, sondern wolle sie nur schützen.

Sams Sonde wird durch das SternenTor nach Tollan geschickt, doch die Ergebnisse sind niederschmetternd. Die Temperatur auf Tollan beträgt mehrere hundert Grad, die Luft enthält fast keinen Sauerstoff mehr. Außerdem bewegt sich ein Lavastrom direkt auf das SternenTor zu und wird es binnen weniger Tage unter sich begraben. Mit diesen Daten konfrontiert, seufzt Omack nur, dass die Natur das vollbringen würde, bei dem sie selbst versagt hätten. Sein Team sei nach dem Exodus seines Volkes zurückgeblieben, um das SternenTor zu verschließen, damit niemand mehr die sterbende Welt erreichen und dort Schaden erleiden könne. Die neue Heimatwelt seines Volkes sei ein Planet ohne SternenTor, so dass man sie nicht auf diesem Weg erreichen könne. Deshalb habe Nereem auch darum gebeten, dass man sie nicht von Tollan fortbringen solle.

Sam schenkt Nereem eine Katze. Sie kommen sich näher und fangen an, sich über Quantenphysik zu unterhalten, doch Omacks Auftauchen beendet das Gespräch.

Da die Tollaner keinesfalls auf der Erde bleiben wollen, bekommen O'Neill und Daniel den Auftrag, einige Welten aufzusuchen, auf denen sie bereits waren, um zu fragen, ob man dort bereit sei, die Tollaner aufzunehmen. Tatsächlich sind viele dazu bereit, doch als sie mit dieser Nachricht zurückkehren, sind die Tollaner bereits aus ihrem Quartier geflohen. Videoaufnahmen zeigen, dass sie die Fähigkeit besitzen, geradewegs durch Wände zu gehen. Suchtrupps finden sie außerhalb der Basis, wo sie sich angeblich nur den Sternenhimmel ansehen wollten. Als sie zurückgebracht werden, stellt Omack verbittert fest, dass sie entgegen anderslautenden Behauptungen offenbar nur Gefangene seien.

Eine Abordnung vom Planeten P3X797 (siehe Folge 2 „Die Seuche") trifft auf der Erde ein, um mit den Tollanern über Asyl auf ihrem Planeten zu verhandeln. Barsch weist Omack das gut gemeinte Angebot zurück, weil die Menschen dort noch primitiver als auf der Erde seien.

Sam fragt Nereem, warum Omack so starrköpfig sei. Er berichtet ihr, die Tollaner hätten ihr Wissen an die Bevölkerung ihres Nachbarplaneten, der sich etwa auf der Zivilisationsstufe der Erde befand, weitergegeben, doch hätten diese es dazu benutzt, Krieg zu führen. Ihr Planet wurde vernichtet, wodurch sich die Umlaufbahn Tollans änderte, was auch dort den Untergang bewirkte. Nun glaubt Omack, auch den Menschen ginge es nur darum, in den Besitz der unbekannten Technologie zu gelangen.

Damit hat er nicht ganz unrecht, denn Colonel Mayborne vom NID, der Nachfolger des mittlerweile beförderten Colonels Kennedy, erfährt von der Überlegenheit der Tollaner, trifft in der Basis ein und erklärt, er habe Befehl, diese fort zu bringen. Endlich habe das SG-Programm einen Erfolg zu verzeichnen. Hammond weigert sich jedoch, da die Tollaner noch unter Quarantäne stünden. Allerdings weiß er, dass er damit nur ein paar Stunden Zeit gewonnen hat. Offiziell kann SG-1 nichts unternehmen, um die Auslieferung der Tollaner zu verhindern, da man die Mitglieder sonst vor ein Kriegsgericht stellen würde. Daniel allerdings gehört nicht dem Militär an. Er schlägt den Tollanern vor, zu den ebenfalls sehr fortschrittlichen Nox zu gehen. Er weiß allerdings nicht, wie er mit diesen Kontakt aufnehmen soll. Die Tollaner sind hierzu jedoch in der Lage und senden eine Nachricht an die Nox. Anschließend fliehen sie zum SternenTor, das von außen aktiviert wird. Lya vom Volk der Nox, mit der SG-1 bereits bei dem Besuch dort Bekanntschaft geschlossen hat, tritt heraus und erklärt, dass man gerne bereit sei, die Tollaner aufzunehmen. Mayborne droht Daniel erneut mit dem Kriegsgericht, doch O'Neill weist ihn darauf hin, dass Jackson Zivilist ist. Mayborne ordnet an, die Tollaner mit Waffengewalt an der Flucht zu hindern und gibt schließlich sogar den Feuerbefehl, doch die Waffen verschwinden einfach aus den Händen der Soldaten.

Bevor er durch das SternenTor geht, legt Omack Daniel die Hand auf die Schulter und gibt zu, Nereem habe Recht gehabt, zumindest mit der Einschätzung einiger Menschen. Vielleicht würde man sich bald wiedersehen. Lya bestätig dies und verlässt als letzte die Erde.

Bemerkungen:

Nachdem in der vorigen Folge explizit auf die Rechte autonomer außerirdischer Völker hingewiesen wurde, wird diese Haltung der amerikanischen Regierung hier absurdum geführt, als man beschließt, die Tollaner kurzerhand gefangen zu nehmen, um an ihre Technologie zu gelangen. Auf O'Neills Einwand, sie seien nicht sehr kooperativ, versichert Mayborne nur, sie würden es schon noch werden. Allerdings ist Mayborne so übertrieben dargestellt, dass man ihn beim besten Willen nicht ernst nehmen kann.

Nach den negativen Erfahrungen der Tollaner ist verständlich, wieso Omack so misstrauisch ist. Allerdings deutet es nicht gerade auf Fortschrittlichkeit hin, wenn er von einer unterentwickelten Zivilisation auf alle anderen schließt. Einseitig sucht er nur nach Hinweisen, die sein Misstrauen gegenüber den Menschen untermauern, statt sich wenigstens zu bemühen, auch die Gegenseite zu verstehen. Immerhin ändert er seine Einstellung am Ende.

Daniel weist darauf hin, dass auch die Nox keinen weiteren Kontakt mit den Menschen haben wollen. Sie seien allerdings so höflich gewesen, sie als „jung“ zu bezeichnen, während Omack sie stets nur „primitiv“ nennt. Amüsant ist es jedoch, wenn Daniel oder Sam über wissenschaftliche Fragen mit den Tollanern diskutieren und diese sämtliche irdischen Erkenntnisse über die Zusammenhänge von Raum und Zeit mit einem mitleidigen Lächeln abtun.

Folge 16: ÜBERMENSCHEN
OT: TIN MAN

Drehbuch: Jeff King
Regie: Jimmy Kaufman

Gaststars:
Harlan – Jay Brazeau
Dr. Frasier – Teryl Rothery
Sergeant Siler – Dan Shea

Inhalt:
Eine neue Mission führt SG-1 nach PX3989, wo sie in einer Art Industriekomplex herauskommen. Die Maschinen scheinen einer fortschrittlicheren Technologie als der der Erde zu entstammen, allerdings wirkt alles älter und in schlechtem Zustand. Das Team wird von einem Energiestrahl gescannt, woraufhin alle bewusstlos zusammenbrechen.

Als sie in einem Labor wieder erwachen, tragen sie schwarze Overalls und haben ihre Waffen und sonstigen Ausrüstungsgegenstände verloren. Ein dicklicher, kleiner Mann mit Halbglatze begrüßt sie überschwenglich. Er stellt sich als Harlan vor, den letzten Überlebenden des Planeten Altair. Während er ihnen ihre Waffen und Ausrüstungsgegenstände zurückgibt, erklärt er ihnen, der ganze Komplex läge unterirdisch. An die Oberfläche könne man aufgrund der dort herrschenden radioaktiven Strahlung nicht gehen. Wallace, der die Anlage gebaut habe, sei vor 99 207 000 Erdenstunden gestorben. Wie aus der Pistole geschossen erwidert O'Neill, dass dies elftausend Jahren entspräche. Harlan erklärt dazu nur, dass sie besser geworden seien, vor allem ihr Bewusstsein.

Da sie keine klaren Antworten auf ihre Fragen bekommen, kehren sie zur Erde zurück, wo sie von Dr. Frasier untersucht werden. Sie stellt fest, dass die Mitglieder von SG-1 keinen Puls mehr haben, und statt Blut nur eine weißliche Flüssigkeit in ihnen fließt. Teal'c stellt fest, dass sein Goa'uld verschwunden ist. Mit einem Messer schneidet O'Neill Teal'cs Arm auf. Unter der Haut kommen technische Apparaturen zum Vorschein, auch verspürt er keine Schmerzen mehr. Frasier löst daraufhin Alarm aus, und das Team wird verhaftet. Man befürchtet, SG-1 ist von den Goa'uld durch künstliche Replikanten ausgetauscht worden.

O'Neill und die anderen begreifen nicht, was mit ihnen geschehen ist. Sam vermutet, Harlan habe ihr Bewusstsein in die künstlichen Körper transferiert. Besorgt fragt sich O'Neill, was nun aus ihnen werden wird.

Hammond erklärt, er wolle SG-5 auf den Planeten schicken, doch O'Neill bemerkt, dass den Leuten nur das gleiche wie ihnen passieren würde. Plötzlich brechen alle vier Mitglieder des Teams zusammen. O'Neill stößt mühsam hervor, sie müssten zurückkehren, was Hammond umgehend veranlasst. Wieder auf PX3989 angelangt, kehren ihre Kräfte sofort zurück. Sam erkennt, dass ihren Maschinenkörpern die Energie ausgegangen ist. Sie können nur noch hier leben.

Harlan bestätigt Sams Vermutung, dass er sie in diese künstlichen Körper versetzt habe. Als O'Neill verlangt, dies sofort rückgängig zu machen, erklärt Harlan, dies sei nicht möglich, da ihre ursprünglichen Körper ausgelöscht worden seien. Er kann nicht verstehen, warum sie sich gegen das Geschenk der Unsterblichkeit, das er ihnen bereitet habe, sträuben; außerdem würde er sie benötigen, um die Anlage instand zu halten. Als eine schwere Explosion droht, hilft das Team bei der Reparatur. Nur Teal'c sondert sich von den anderen ab. Er erleidet eine Art Anfall und greift schließlich sogar O'Neill an. Harlan kann den Jaffa nur stoppen, indem er ihn mit einer fremdartigen Waffe in Nichts auflöst. Allerdings behauptet er, bald einen neuen Teal'c herstellen zu können, der besser funktionieren würde.

Daraufhin werden die anderen misstrauisch. Sie bedrohen Harlan, bis dieser zugibt, ihre ursprünglichen Körper würden doch noch existieren. Er behauptet jedoch, es sei unmöglich, ihr Bewusstsein in diese wieder zu versetzen, und führt sie in einen Saal, wo ihre schlafenden biologischen Körper liegen. Sam erkennt als erste die Wahrheit. Ihr Bewusstsein ist gar nicht transferiert worden. Obwohl sie sich wie echte Menschen fühlen, sind sie lediglich künstliche Kopien der Originale. Diese Nachricht trifft besonders O'Neill hart, er verlässt den Raum. Der echte O'Neill folgt ihm und spricht mit ihm. Der Klon verspricht ihm, er würde nach der Rückkehr der Originale zur Erde das SternenTor verschließen.

Bemerkungen:

Die Episode behandelt die Frage, was Leben ist. Allerdings tut sie dies auf sehr oberflächliche Weise und es kommt kaum Spannung auf. Die einzige Überraschung ist die Enthüllung, dass die Personen, von denen man bislang geglaubt hatte, nur ihr Bewusstsein sei in künstliche Körper versetzt worden, in Wahrheit nur Kopien sind.

Ein ähnliches Thema wurde in „Star Trek: Deep Space Nine" schon origineller behandelt. In Episode 34 „O'Briens Identität" (Whispers) kehrt O'Brien von einer Konferenz zur Station zurück und stellt fest, dass alle sich ihm gegenüber sonderbar verhalten, selbst seine Familie. Er wird immer paranoider, glaubt an eine umfassende Verschwörung. Erst gegen Ende stellt sich jedoch heraus, dass die anderen herausgefunden haben, dass der O'Brien, mit dem die Zuschauer die ganze Zeit gefiebert haben, selbst ein Klon einer fremden Macht ist, der als Attentäter nach DS9 geschickt wurde.

Immerhin hat „Übermenschen" aber zum Schluss hin auch einige gute Moment zu bieten, wenn die Originale und ihre Kopien aufeinander treffen, und die Carters sofort anfangen, miteinander zu diskutieren. „Natürlich streiten sie miteinander", kommentiert der echte O'Neill dies seinem Klon gegenüber. Ebenso natürlich, wie die beiden Daniels fasziniert miteinander philosophieren und Teal'c sich ausgeschlossen fühlt.

Der echte O'Neill ist besorgt, weil seine Kopie auch über sein gesamtes Wissen verfügt, das keinesfalls in fremde Hände geraten darf. Um das zu verhindern, verspricht der Doppelgänger, das SternenTor umgehend zu verschließen und fügt hinzu: „Und komm nicht auf die dumme Idee, uns eine Bombe zu schicken."

„Das mach' ich nicht", versichert der echte O'Neill, doch sein Doppelgänger widerspricht:

„Doch, das machst du. Ich kenn' dich."

Folge 17: IM EWIGEN EIS
OT: SOLITUDES

Drehbuch: Brad Wright
Regie: Martin Wood

Gaststars:
Techniker – Gary Jones
Sergeant Siler – Dan Shea

Inhalt:
Kurz nachdem SG-1 zu einer Mission nach P4A771 aufgebrochen ist, wird das SternenTor von außen aktiviert. Daniel wird bewusstlos herausgeschleudert; ihm folgt der verletzte Teal'c. Unmittelbar danach gibt es einen Kurzschluss, und das Transportfeld bricht zusammen. Auf Hammonds Frage nach O'Neill und Carter antwortet Teal'c, die beiden seien unmittelbar hinter ihnen gewesen. Sie seien angegriffen worden und hätten fliehen müssen. Teal'c will sofort wieder zurück, doch Hammond hält das für zu gefährlich. Außerdem muss das SternenTor erst repariert werden, was noch mindestens vierundzwanzig Stunden dauern wird.

Carter und O'Neill wachen in einer Gletscherspalte auf. O'Neills Bein ist gebrochen. Zwar befinden sie sich dicht bei einem SternenTor, doch das DHD, die Steuerkonsole zur Eingabe der Koordinaten, fehlt. Sie sitzen fest. Carter schient O'Neills Bein und überprüft ihre Vorräte. Sie haben nur Nahrungsmittel für drei Tage. Aus einer Öffnung dringt Tageslicht, doch scheint es ein weiter Weg bis dorthin zu sein.

Carter entdeckt das vom Eis bedeckte Steuermodul und beginnt, es auszugraben. Dabei diskutiert sie mit O'Neill darüber, was passiert ist: Die wahrscheinlichste Erklärung ist, dass bei dem Transport etwas fehlgeschlagen ist, wodurch Daniel und Teal'c zur Erde gelangt sind, während sie hierhin verschlagen wurden – wo immer dieses *hier* auch sein mag.

Inzwischen wurde das SternenTor in der Basis repariert. Eine Sonde wird hindurchgeschickt, entdeckt jedoch weder Spuren der Vermissten, noch Hinweise auf ein Feuergefecht. Gleich darauf wird die Sonde zerstört. Daraufhin bläst Hammond die geplante Rettungsaktion ab.

Sam ist es gelungen, die Steuerkonsole freizulegen, doch findet sie unter dem Eis auch den Leichnam eines von Apophis' Jaffa. Sie gibt die Koordinaten des irdischen SternenTors ein; es geschieht jedoch nichts.

Daniel findet derweil heraus, dass Carter und O'Neill aufgrund der physikalischen Gesetzmäßigkeiten der SternenTore auf einer Welt herauskommen sein müssen, die zwischen der Erde und P4A771 liegen muss, was den Suchradius stark einschränkt. Die SG-Teams beginnen, eine der in Frage kommenden Welten nach der anderen abzusuchen, bleiben jedoch ohne Erfolg.

Noch einmal versucht Carter, das SternenTor zu öffnen, was ihr diesmal fast gelingt. Gleichzeitig wird die Basis von Erschütterungen heimgesucht. Daniel kommt auf den Gedanken, dass es auf der Erde noch ein weiteres SternenTor geben könnte. Es habe die gleichen Koordinaten und sei nur eine Art Zweitanschluss, weshalb das Tor in der Basis von dort aus nicht angewählt werden könne. Durch eine Messung und Auswertung der Erdstöße in den letzten Stunden findet das Team heraus, dass sich dieses zweite SternenTor in der Antarktis befinden muss.

Dort hat O'Neill Carter mittlerweile befohlen, die Gletscherspalte ohne ihn zu verlassen, da er erkennt, dass er nicht mehr lange durchhalten wird. Sam verlässt die Höhle und stellt fest, dass sie sich inmitten einer endlosen Eiswüste befindet. Niedergeschlagen kehrt sie zu O'Neill zurück und teilt ihm mit, dass es keine Hoffnung auf Rettung gäbe, da niemand auf diesem vegetationslosen Eisplaneten überleben könne.

Nachdem man das zweite SternenTor geortet hat, wird sofort ein Suchtrupp losgeschickt, der Carter und O'Neill findet. Hammond erklärt, SG-3 würde sich um das zusätzliche SternenTor kümmern.

Bemerkungen:

Das einzig Interessante an der Episode ist die Tatsache, dass es auf der Erde ein zweites SternenTor gibt, das hoffentlich in späteren Folgen noch einmal eine Rolle spielen wird.

Allerdings wirft der Fund auch zahlreiche Fragen auf. Warum hat Ra zum Beispiel dieses zweite Tor nicht genutzt, um zur Erde zurückzukehren, nachdem die alten Ägypter das Haupttor vergraben hatten? Jeder Versuch, es anzuwählen, hätte automatisch zum Zweittor umgeleitet werden müssen. Der Fund des toten Jaffa beweist schließlich, dass die Goa'uld von dem zweiten Tor Kenntnis besitzen.

Eine schlechte Angewohnheit der Drehbuchautoren wird in dieser Folge ironisch aufs Korn genommen. Allzu oft schließen die Mitglieder von SG-1 von einem recht begrenzten Gebiet, das sie auf einer fremden Welt besuchen, auf den gesamten Planeten. Nur weil man in einer steppeähnlichen Landschaft auf die Nachkommen von Mongolen gestoßen ist, bedeutet das noch lange nicht, dass es auf anderen Kontinenten oder auch nur ein paar hundert Kilometer entfernt nicht ganz andere Umweltbedingungen und einheimische Lebensformen geben könnte. In dieser Folge klettert Sam Carter aus der Gletscherspalte, sieht sich kurz um und stellt fest, dass sie sich auf einem Eisplaneten befindet, obwohl es sich in Wahrheit um die Erde handelt, die bekanntlich nur zu einem kleinen Teil von Eis bedeckt ist.

Folge 18: **DIE INVASION, TEIL 1**
OT: THERE BUT FOR THE GRACE OF GOD

Drehbuch: Robert C. Cooper
Regie: David Warry-Smith

Gaststars:
Catherine Langford – Elizabeth Hoffman
Gary Jones – Techniker
Marine – Stuart O'Connell
Nachrichtensprecher – Michael Kopsa

Inhalt:
Ein neue Mission führt SG-1 in eine Art Lagerraum auf dem Planeten P3R233, in dem offenbar vor langer Zeit ein Kampf stattgefunden hat. Teal'c entdeckt eine Warnung der Goa'uld, dass sie diesen Planeten radioaktiv verseucht hätten. Derweil untersuchen Sam und Daniel einen Nebenraum, in dem sich zahlreiche außerirdische Artefakte befinden. O'Neill ruft die beiden zurück, doch bevor Daniel dem Befehl folgt, packt er ein paar der Artefakte ein. Dabei aktiviert er einen Spiegel, aus dem ihn ein Energiestrahl trifft.

Aufgeregt eilt er zum SternenTor, doch die anderen sind bereits verschwunden. Er aktiviert das Tor und kehrt zur Erde zurück. Dort angekommen, richten die Soldaten sofort ihre Waffen auf ihn. Daniel ist erleichtert, als Hammond den Raum betritt. Er spricht ihn mit General an, wird jedoch korrigiert, da Hammond nur Colonel ist. Außerdem scheint auch dieser ihn nicht zu erkennen, sondern fragt ihn, wie er an den Erkennungscode zum Öffnen der Iris gekommen sei. Er wird eingesperrt. Als er verlangt, Colonel O'Neill zu sprechen, weist man ihn darauf hin, dass O'Neill General sei.

Wenig später sucht Catherine Langford ihn auf. Sie kennt ihn zwar flüchtig, aber nur durch seine Forschungsarbeiten. Als Daniel behauptet, er gehöre zu SG-1 und habe die Symbole entschlüsselt, die das ganze Projekt erst möglich gemacht haben, widerspricht Catherine. Sie erzählt, dass ihm eine Mitarbeit vor Jahren angeboten worden sei, er jedoch abgelehnt habe. Daniel begreift gar nichts mehr. Als er jedoch Ernest Littlefield erwähnt, wird Catherine hellhörig, da außer ihr niemand mehr von ihrem damaligen Verlobten weiß.

Sie bittet O'Neill, selbst mit Jackson zu sprechen. Dieser kennt Daniel ebenfalls nicht. Als Daniel dann noch nach Teal'c, dem Jaffa, fragt, befiehlt O'Neill, den Irren wegzuschaffen. Daniel erwähnt daraufhin einige private Details aus O'Neills Leben, die diesen neugierig machen. Er findet heraus, dass SG-1 nie nach Chulak gegangen ist, weshalb man Teal'c nie kennengelernt hat. Dadurch fehlen dem Projekt wichtige Informationen. Daniel teilt O'Neill daraufhin die Koordinaten von Chulak mit.

Sam Carter, die nur eine zivile Astrophysikerin ist, kommt in den Raum gestürmt und berichtet, dass man Washington und Philadelphia verloren habe. Man erklärt Daniel, dass die Erde einem Großangriff der Goa'uld von Raumschiffen aus ausgesetzt sei, und man kurz vor der endgültigen Niederlage stünde.

Daniel begreift allmählich, dass es ihn in ein Paralleluniversum verschlagen hat, wo die Geschichte zwar sehr ähnlich, in einigen Punkten jedoch anders verlaufen ist. Er berichtet Catherine, was genau passiert ist. Sie vermutet, dass der Spiegel etwas mit seiner Ankunft in dieser Parallelwelt zu tun hat. Das Gespräch wird durch die Aktivierung des SternenTors unterbrochen. Entsetzt muss Daniel mitansehen, wie eine Atombombe durch das Tor nach Chulak geschickt wird, weil O'Neill hofft, mit dieser Verzweiflungstat das Blatt noch einmal wenden zu können.

Stattdessen landet ein Schiff der Goa'uld auf dem Berg, in dem sich die Basis befindet. Invasionstruppen dringen in die Anlage vor. Eine Flucht ist nicht möglich, weil das SternenTor von den Goa'uld angewählt wurde. Zwar verhindert die Iris, dass sie auf diesem Weg eindringen können, aber solange die Verbindung besteht, kann von der Basis aus kein neues Ziel eingegeben werden.

Daniel spricht mit Sam über seine Theorie, dass er in eine parallele Wirklichkeit versetzt wurde. Mit den Videoaufnahmen, die er auf P3R233 gemacht hat, auf denen auch Sam und Teal'c zu sehen sind, kann er seine Worte untermauern. Als Sam hört, dass er von dort gekommen ist, spielt sie ihm einen Funkspruch vor, den man vor drei Monaten aus genau diesem Quadranten empfangen hat. Anders als Sam und Catherine kann Daniel ihn entziffern, weil er die Sprache, in der der Spruch verfasst wurde, auf Abydos gelernt hat. Die Nachricht warnt vor den Zerstörern der Goa'uld und nennt außerdem eine Koordinaten-Adresse, den Planeten, von dem aus die Goa'uld ihren Kriegszug gestartet haben. In diesem Universum haben die Bewohner von P3R233 offenbar diese Warnung vor ihrem Untergang abgeschickt.

O'Neill leitet die Verteidigung der Basis, die Invasionstruppen hingegen werden von Teal'c angeführt. Daniel wird klar, dass sich dieses Universum auch zeitlich von seinem unterscheidet. Er bittet O'Neill, dass dieser ihn – sobald wieder ein Aktivierung des Tores möglich sei – zurück nach P3R233 schickt. Wenn er durch den Spiegel in seine eigene Realität zurückkehren könne, könne er seine Erde vor dem Angriff warnen, der dort noch nicht stattgefunden hat. O'Neill erklärt, man könne sich ohnehin nicht mehr so lange halten, bis das SternenTor wieder frei sei. Daniel gibt ihm sein Video, mit der Bitte, es Teal'c vorzuspielen und an dessen Gefühle zu appellieren, da er schließlich wisse, dass der Jaffa nicht der skrupellose Mörder sei, als der er erscheint. Selbst wenn man ihn nicht umstimmen könne, würde dadurch zumindest Zeit gewonnen.

Zögernd willigt O'Neill ein, da die Erde in dieser Realität ohnehin verloren ist, und trifft sich mit Teal'c. Dieser sieht sich das Video verblüfft an, während Jack ihm erzählt, wie er in der Parallelwelt auf Seiten der Menschen gegen die Goa'uld kämpfe. Teal'c zeigt sich davon jedoch wenig beeindruckt. Er hat Nachricht von Chulak erhalten. Sein Volk, seine Familie seien von einer irdischen Waffe vernichtet worden. Er tötet O'Neill, der mit dem Abschicken der Bombe nach Chulak die einzige Chance, die Erde doch noch zu retten, verwirkt hat.

Sam hat eine Methode entwickelt, die Aktivierung des SternenTores zu beschleunigen. Als das Transportfeld zusammenbricht, schafft sie es, das Tor auf P3R233 schneller anzuwählen, als Apophis Leute es von außen blockieren können. Teal'c dringt in den StarGate-Raum ein, zögert jedoch, Daniel zu töten. Sekunden bevor die Basis durch die atomare Selbstzerstörungsanlage vernichtet wird, kann Daniel durch das SternenTor springen.

Er landet wieder auf P3R233, und als er erneut den Spiegel berührt, befindet er sich wieder in seiner Realität, wo O'Neill und die anderen nach ihm suchen.

Bemerkungen:

Die Eroberung der Erde durch die Goa'uld (auch wenn sie nur in einem Paralleluniversum stattfindet) hätte ein absolutes Highlight gegen Ende der ersten Staffel sein können, wenn man noch das nötige Budget gehabt hätte, dieses Ereignis entsprechend umzusetzen. Stattdessen aber musste man offenbar einen rigorosen Sparkurs einschlagen. Es ist absolut frustrierend für den Zuschauer, wenn man nur hört, wie an der Oberfläche der Krieg tobt und eine Stadt nach der anderen vernichtet wird, man aber absolut nichts davon zu sehen bekommt. Von der ungeheuren Vielzahl sich bietender Möglichkeiten werden auf diese Art nahezu alle verschenkt. So spannend der Cliffhanger am Ende der ersten Staffel auch ist, auf den hier hingearbeitet wird, wenn das Geld für eine adäquate Umsetzung nicht mehr reichte, wäre es besser gewesen, die Episode in die zweite Staffel zu verschieben.

Die Eroberung der Welt durch die Goa'uld beschränkt sich anscheinend nur auf die USA, jedenfalls wird kaum weiter erwähnt, wie es in der restlichen Welt aussieht. Hier zeigt sich wieder einmal die typische amerikanische Überheblichkeit. Für die wohl meisten Amerikaner *sind* die USA die zivilisierte Welt, alles andere ist nur Beiwerk und höchstens für Touristen interessant.

Die Verwendung von Parallelwelten ist ein beliebtes Thema der Science Fiction, da man auf diese Art wunderbar spekulieren kann, was geschehen wäre, wenn an irgendeinem Punkt der Geschichte die Entwicklung einen anderen Verlauf genommen hätte. In der TV-Serie „Sliders" reisen die Helden sogar jede Episode in eine andere Realität.

Aber welch amüsante Möglichkeiten es auch bietet, eine Person in ein geringfügig anderes Universum zu schicken, so liegen die Sympathien der Zuschauer doch stets bei der bekannten Hauptperson, die unterbewusst als realer betrachtet wird. Dementsprechend können einen noch so schreckliche Ereignisse in einem Paralleluniversum auch nicht wirklich berühren, da man weiß, dass dies in der „Realität" nicht passiert.

Für die Personen in der Parallelwelt aber ist diese völlig real. Jeder hält sein Leben und auch sein Universum für das einzig wahre. In der Episode „Übermenschen“, wo man glaubte, die Kopien der Hauptpersonen seien die Originale, nur in anderen Körpern, wurde die subjektive Wahrnehmung von Realität sehr einfühlsam dargestellt.

Hier jedoch erscheinen die Ereignisse in der Parallelwelt nicht so wichtig, solange es Daniel nur gelingt, die „echte“ Erde vor dem Angriff zu warnen. Besonders glaubwürdig ist das Verhalten der Personen nicht. Wohl niemand würde sich selbst so einfach opfern, nur um seinem Ebenbild in einem anderen Universum damit zu helfen.

Folge 19: DIE INVASION, TEIL 2
OT: POLITICS

Drehbuch: Brad Wright
Regie: Martin Wood

Gaststars:
Senator Kinsey – Ronny Cox
Lieutenant Colonel Samuels – Robert Wisden

Inhalt:
Verzweifelt bemüht sich Daniel, die anderen von SG-1 zu überzeugen, dass er sich wirklich in einem Paralleluniversum befunden hat und ein Angriff der Goa'uld auf die Erde bevorsteht. Die Diskussion wird unterbrochen, als General Hammond zusammen mit Lieutenant Colonel Samuels den Raum betritt. Samuels kündigt an, dass es eine Anhörung über das SG-Programm durch Senator Kinsey geben soll, der das kostspielige Projekt aufgrund seines bislang geringen praktischen Nutzens für eine Verschwendung von Steuergeldern hält und erwägt, es zu beenden.

Bei der Besprechung mit dem Senator zeigt sich rasch, dass dieser sich – seinen gegenteiligen Beteuerungen zum Trotz – seine Meinung schon gebildet hat. Mehrere Missionen werden noch einmal besprochen, und stets kommt Kinsey zu dem Schluss, dass sie mehr Schaden als Nutzen gebracht hätten. Erst durch diese Missionen sei Gefahr für die Erde entstanden.

Alle Versuche, ihn von seinem voreingenommenen Standpunkt abzubringen, schlagen fehl. Erwartungsgemäß beschließt er schließlich, dass das SG-Programm abgebrochen werden soll.

In letzter Verzweiflung berichtet Daniel ihm, was er auf der Parallelwelt erlebt habe und welche Gefahr der Erde drohe. Als der Senator ihn auslacht, schlägt Daniel vor anhand der mitgebrachten Koordinaten zu überprüfen, ob wirklich eine Armee zusammengestellt werde. Doch Kinsey meint, dies sei nur ein durchsichtiger Versuch, um Zeit zu schinden. Als die Entscheidung feststeht, bitten Teal'c und O'Neill General Hammond auf eine andere Welt reisen zu dürfen, um von dort aus den Kampf gegen die Goa'uld fortzusetzen. Hammond erklärt jedoch, man würde das SternenTor nach der Rückkehr der noch erwarteten Teams unverzüglich schließen.

Bemerkungen:

Mit dieser Folge erreicht der bereits in der letzten Episode eingeläutete Sparkurs seinen Höhepunkt. Die Handlung spielt nur in bereits vorhandenen Kulissen, außerdem gibt es mehrere Einspielungen aus früheren Folgen. Das ist um so ärgerlicher, da der Zuschauer gespannt auf die Fortsetzung der Handlung um den bevorstehenden Angriff der Goa'uld auf die Erde wartet.

Stattdessen werden noch einmal frühere Erlebnisse von SG-1 aufgegriffen, wenn auch unter einem anderen Blickwinkel. Für Neueinsteiger mag die Episode ganz nett sein, um sich ein Bild darüber zu verschaffen, was bislang geschah. Gerade unter diesem Aspekt hätte man sie jedoch ebenso wie die vorangegangene Episode besser an den Anfang der zweiten Staffel verschieben sollen.

Spannung entsteht nur dadurch, dass sich Senator Kinsey so stur stellt und das SG-Projekt gerade zu diesem brisanten Zeitpunkt eingestellt werden soll. Angesichts der unbeholfen wirkenden Argumentation Hammonds und der anderen Verteidiger des Projekts ist diese Entscheidung des Senators allerdings auch nur allzu verständlich.

Allerdings macht sich Kinsey lächerlich, wenn er sagt, die Goa'uld sollten ruhig kommen. Er vertraut diesbezüglich anscheinend völlig auf die Armee der Vereinigten Staaten. Doch immerhin hat man es mit den Herrschern eines intergalaktischen Reiches zu tun, die zahlreiche weiter als die Erde entwickelte Welten unterworfen haben, über eine weit überlegenere Technologie und eine nahezu unbegrenzte Zahl von Soldaten verfügen. Vollends zum Narren macht Kinsey sich, als er seine Überzeugung verkündet, im Gegensatz zu den Goa'uld als falsche Götter würde der einzig wahre Gott schon nicht zulassen, dass der Erde etwas passiert. Wahrscheinlich hätte er General Custer vor der Schlacht am Little Big Horn auch geraten, sich wegen der paar Indianer keine Sorgen zu machen...

Ronny Cox, der den verbohrten Senator spielt, hat bereits in zahlreichen Kinofilmen und TV-Produktionen mitgespielt. Besonders bekannt wurde er als Polizeichef in „Beverly Hills Cop" (Beverly Hills Cop, USA 1984). SF-Fans ist er jedoch hauptsächlich durch zwei andere Rollen in Filmen von Paul Verhoeven in Erinnerung. In „Robocop" (Robocop, USA 1987) stellt er einen machtbesessenen Manager dar, der das Robocop-Projekt stoppen will; in „Total Recall – Die totale Erinnerung" (Total Recall, USA 1990) spielt er den skrupellosen Mars-Diktator.

Folge 20: DIE INVASION, TEIL 3
OT: WITHIN THE SERPENT'S GRASP

Drehbuch: Jonathan Glassner
Regie: David Warry-Smith

Gaststars:
Apophis – Peter Williams
Techniker – Gary Jones
Klorel/Skaara – Alexis Cruz
Major Ferretti – Brent Stait

Inhalt:
Hammond ist bereits damit beschäftigt, Unterlagen über das SG-Programm durch den Reißwolf zu jagen, als O'Neill versucht, ihn noch einmal umzustimmen. Zwar teilt der General seine Meinung, dass es ein Fehler sei, das SternenTor zu schließen, doch könne er nichts mehr tun, um das Unvermeidliche abzuwenden. In zwei Tagen soll das SternenTor versiegelt werden.

Obwohl sie damit rechnen müssen, nach ihrer Rückkehr vor ein Kriegsgericht gestellt zu werden, widersetzen sich die Mitglieder von SG-1 ihren Befehlen und reisen auf eigene Faust durch das Tor zu den Koordinaten, die Daniel aus der Parallelwelt mitgebracht hat. Am Ziel angekommen, deckt sich das Team erst einmal mit Goa'uld-Waffen ein, ehe es beginnt, die Umgebung zu erforschen. Überrascht stellt man fest, dass man sich nicht auf einem fremden Planeten befindet, sondern an Bord eines Raumschiffes, das kurz nach ihrer Ankunft gestartet ist und sich bereits mit Überlichtgeschwindigkeit auf dem Weg zu Erde befindet. Aus diesem Grund können sie das SternenTor auch nicht mehr aktivieren, um eine Warnung zur Erde zu schicken. Da sich das Tor mitsamt des Schiffes bewegt, ist es unmöglich, den Ausgangspunkt zu bestimmen.

Teal'c erklärt, dass ein Zerstörer der Goa'uld mit zehnfacher Lichtgeschwindigkeit fliegen kann. Aufgrund der Koordinaten der Welt, von der aus das Schiff gestartet ist, berechnet Sam, dass ihnen noch rund ein Jahr Zeit bleibt, ehe es die Erde erreicht.

Aus einem Sarkophag entsteigt Skaara, O'Neills jugendlicher Freund, der Apophis' Sohn Klorel als Wirt dient, seit er zusammen mit Sha'uri nach Chulak verschleppt wurde. Er befehligt das Schiff bis zu dem Zeitpunkt, an dem es sich mit dem seines Vaters treffen wird, damit sie gemeinsam die Erde angreifen.

Während Sam und Daniel überall auf dem Schiff Sprengstoff anbringen, dringt O'Neill zusammen mit Teal'c zu Skaaras Gemächern vor. Er glaubt, dass die wahre Persönlichkeit des Jungen zwar von dem Goa'uld in ihm unterdrückt wird, aber wachgerufen werden kann. Sie überwältigen Skaara, doch alle Appelle an seine wahre Persönlichkeit verhallen wirkungslos. Die Herrschaft des Goa'uld Klorel ist zu stark. Erst als O'Neill ihm mit einer Waffe Schmerzen zufügt, zieht dieser sich zurück, und der wahre Skaara erlangt für einen Moment die Oberhand.

Gleich darauf stürmen Jaffa den Raum. O'Neill und Teal'c geraten in Gefangenschaft. Über eine Art holographisches Kommunikationsgerät berichtet Klorel seinem Vater von seinem Erfolg. Apophis gibt Befehl, Teal'c seinen Symbionten zu entfernen, damit er einen schmerzvollen Tod erleidet. Auch O'Neill soll umgebracht werden. Klorel führt den Befehl jedoch nicht sofort aus. Vor seinem Tod soll O'Neill noch einen letzten Blick auf die zum Untergang verurteilte Erde werfen.

Dort erhält General Hammond die Nachricht, dass man zwei riesige sich nähernde Objekte im All geortet habe. Er lässt sich sofort mit dem Präsidenten der USA verbinden. Die SG-Basis wird zum Zentrum der irdischen Verteidigung.

Sam und Daniel befreien O'Neill und Teal'c. Als Klorel dabei Daniel angreift, kann O'Neill diesen nur retten, indem er auf den Goa'uld schießt und ihn tötet. Gemeinsam fliehen die Mitglieder von SG-1. Sie gelangen in einen Raum, wo ihnen ein Bildschirm die Umgebung des Raumschiffes zeigt. Offenbar war dieses in der Lage, weitaus schneller als angenommen zu fliegen, denn es hat bereits das irdische Sonnensystem erreicht und nähert sich der Erde...

Bemerkungen:

Die Folge endet mit einem höllisch spannenden Cliffhanger und bildet nicht nur einen würdigen Abschluss der ersten Staffel, sondern schlägt auch einen Bogen zurück zum Pilotfilm, dessen direkte Fortsetzung sie sein könnte. Endlich gibt es ein Wiedersehen mit Skaara, und auch Sha'uri wird in den folgenden Staffeln wieder auftauchen.

Bevor die Mitglieder von SG-1 auf eigene Faust durch das SternenTor gehen, diskutieren sie über den Aspekt bei ihrer Rückkehr vor ein Kriegsgericht gestellt werden zu können. Abgesehen davon, dass weder Daniel noch Teal'c der Armee angehören, ist diese Besorgnis rein akademischer Natur. Eine Rückkehr ist wohl mehr als fraglich, schließlich soll das SternenTor für alle Zeiten versiegelt werden. Außerdem baten zumindest O'Neill und Teal'c am Ende der vorigen Episode noch darum, den Kampf gegen die Goa'uld von einem anderen Planeten aus fortsetzen zu dürfen. Wieso also macht Jack sich jetzt plötzlich Sorgen über eine mögliche Strafe?

ZWEITE STAFFEL

Stabsangaben:

Einige Aufgabenbereiche werden in der zweiten Staffel von anderen Leuten als in der ersten wahrgenommen. Hier die aktuellen Angaben:

Executive Producers: Jonathan Glassner & Brad Wright
Co-Executive Producer: Michael Greenburg
Producer: N. John Smith
Senior Advisor: Terry Curtis Fox (bis Folge 30)
Executive Story Editor: Robert C. Cooper (bis Folge 30)
Story Editor: Tor Alexander Valenza (ab Folge 32)
Post Production Consultant: R. Michael Eliot
Casting: Mary Jo Slater & Paul Weber (bis Folge 22), Mary Jo Slater & Robin Nassif (ab Folge 23)
Canadian Casting: Carol Kelsay

Folge 21:
DIE INVASION: KAMPF UM DIE ERDE
OT: THE SERPENT'S LAIR

Drehbuch: Brad Wright
Regie: Jonathan Glassner

Gaststars:
Bra-Tac – Tony Amendola
Lieutenant Colonel Samuels – Robert Wisden
Apophis – Peter Williams
Techniker – Gary Jones
Klorel/Skaara – Alexis Cruz

Inhalt:

Immer noch fassungslos betrachten die Mitglieder des Kommandos SG-1 die Erde, der sie sich nähern. O'Neill erkundigt sich, ob die Sprengsätze angebracht und zur Zündung bereit sind, was Sam bestätigt. Die Zeitautomatik ist allerdings auf vierundzwanzig Stunden eingestellt, da Sam bislang davon ausging, dass ihnen noch viel Zeit bleiben würde. Teal'c weist darauf hin, dass sich das Raumschiff von Apophis nähert. Selbst wenn sie das Schiff, auf dem sie sich befinden, zerstören, können sie Apophis selbst damit nicht aufhalten. Bevor sie sich weitere Schritte überlegen können, werden sie mittels einer Schockgranate betäubt und gefangen genommen.

Klorels Leichnam wird von den Jaffa in den Sarkophag gelegt und wiederbelebt.

Lieutenant Colonel Samuels trifft erneut in der SG-Basis ein. Er informiert Hammond, dass das Pentagon mittels einer neuentwickelten Waffe einen Schlag gegen die sich nähernden Goa'uld-Schiffe vorbereitet. Dabei handelt es sich um Atomraketen, deren Sprengkraft mit Hilfe des

Materials, aus dem die SternenTore bestehen, vervielfacht wurde.

Als die Mitglieder von SG-1 wieder erwachen, werden sie von Bra-Tac aufgesucht, Teal'cs früherem Lehrmeister. Er ist äußerst wütend. Seit langer Zeit hat er darauf hingearbeitet, mit seinen Leuten bei dieser Expedition dabei zu sein, um hier, fernab von Apophis' Machtzentrum, eine Revolte zu entfachen. Er wollte behaupten, sie in Klorels Namen zu führen, da es bei den Goa'uld häufig vorkomme, dass die Macht eines Pharaos von seinen Söhnen in Frage gestellt werde. Auf diese Art wollte er Misstrauen zwischen den beiden säen. Durch das Auftauchen von SG-1 sind seine Pläne jedoch gefährdet, denn er ist gezwungen, früher als geplant zu handeln. Zudem kann er sich nicht auf Klorel berufen, der in dem Sarkophag liegt. Glücklicherweise wird der Angriff auf die Erde aufgeschoben, bis dieser wieder erwacht. Zu seinem Schrecken hört O'Neill, dass zu Bra-Tacs Gruppe nur drei Jaffa gehören. Immerhin dauert es nur noch einundvierzig Minuten, bis die Sprengsätze zünden. Die Evakuierung der geistigen Elite der Menschheit durch das SternenTor auf einen anderen Planeten läuft an.

Samuels lässt die beiden Raketen auf die Schiffe abfeuern, als diese einen Orbit um die Erde erreichen. Die Sprengköpfe verpuffen jedoch wirkungslos an den Schutzschirmen der Goa'uld.

Bra-Tac kämpft sich mit seinen Begleitern und SG-1 auf Klorels Schiff in Richtung Kommandobrücke vor. Es gelingt ihnen, die Wachen zu überwältigen und Klorel in ihre Gewalt zu bringen. Dabei wird Daniel schwer verwundet. Er verlangt, dass die anderen ihn zurücklassen, damit er ihnen Rückendeckung geben kann, da er sonst nur eine Last für sie sei. Nachdem Bra-Tac die beiden Schiffe näher aneinander gesteuert hat, gelangen sie über das Ring-Transportsystem mit Klorel als Geisel an Bord von Apophis' Schiff. Sie überwältigen auch ihn und sperren die beiden Goa'uld ein. Anschließend setzen sie die Generatoren für die Schutzschirme außer Betrieb und kämpfen sich zu den Hangars der Todesgleiter durch, mit denen sie fliehen.

Inzwischen hat Daniel seine Verletzungen mit Hilfe des Sarkophags geheilt. Ein Blick auf das Zählwerk einer der Bomben zeigt ihm, dass ihm nur noch knapp eine Minute bleibt. Er kann gerade noch rechtzeitig das SternenTor aktivieren. Da sich das Schiff im Orbit befindet, kann er nicht direkt zur Erde reisen, sondern muss einen Umweg über einen anderen Planeten machen. Auch Apophis und Klorel bringen sich durch das Ring-Transportsystem in Sicherheit, bevor die Explosion die beiden unmittelbar nebeneinander im Raum hängenden Schiffe vernichtet.

Die Erde ist gerettet. Mit großem Applaus wird SG-1 in der Basis empfangen. Bra-Tac kehrt nach Chulak zurück, um seine Rebellion nun, da Apophis angeschlagen ist, dort fortzusetzen.

Bemerkungen:

Episoden, in denen Apophis oder ein anderer Systemlord der Goa'uld eine größere Rolle spielen, stellen an sich schon ein Highlight dar. Obwohl der erste Teil des Vierteilers nicht einlösen konnte, was er versprach, und man den zweiten Teil ebenso gut hätte weglassen können, bilden zumindest der dritte und vierte Teil von „Die Invasion“ neben dem Pilotfilm den bisherigen Höhepunkt der Serie. Vor allem stellen sie einen würdigen Abschluss der ersten und einen gelungenen Auftakt zur zweiten Staffel dar.

Allerdings bleiben auch einige Fragen offen. Als O'Neill und die anderen auf Apophis' Schiff reisen, ist ihnen der Goa'uld hilflos ausgeliefert. Warum verzichten sie auf die Gelegenheit, ihn zu töten? Zwar würden die Jaffa ihn mittels des Sarkophags wiederbeleben, doch wäre bis dahin schon mal eine Galgenfrist erreicht. Außerdem steht die Vernichtung der Schiffe dicht bevor, Apophis hätte also gar nicht mehr die Zeit gehabt, sich zu regenerieren. Auf diese Art wäre jedoch sichergestellt worden, dass er nicht mehr fliehen kann, wie es nun aber passiert ist. Natürlich wollten die Macher der Serie ihn als gegenwärtigen Hauptbösewicht erhalten, doch hätte man dies eleganter lösen können, indem SG-1 erst gar nicht an ihn herangekommen wäre. Auch dramaturgisch hatte dies keine Bedeutung.

Überdies stellen die Sarkophage mittlerweile ein fast schon lästiges Wundermittel dar, das einen beträchtlichen Teil der Spannung nimmt. Wann immer man sich in der Nähe eines solchen Gerätes befindet, ist es nahezu egal, ob jemand verletzt oder gar getötet wird, man kann ihn ja schließlich wieder zum Leben erwecken.

Das aber sind nur Details, welche die Begeisterung über diese Episode kaum trüben.

Folge 22: FREUND ODER FEIND?
OT: IN THE LINE OF DUTY

Drehbuch: Robert C. Cooper
Regie: Martin Wood

Gaststars:
Dr. Frasier – Teryl Rothery
Ashrak – Peter Lacroix
Cassandra – Katie Stuart

Inhalt:
SG-1 hilft auf dem Planeten Nasia die Bevölkerung eines friedliebenden Dorfes, das scheinbar ohne Grund von Todesgleitern der Goa'uld angegriffen wird, durch das SternenTor zu evakuieren. Sam Carter unternimmt Wiederbelebungsversuche an einem Schwerverletzten, ohne zu erkennen, dass dieser der Wirt eines Goa'uld ist. Unbemerkt von den anderen wechselt der Parasit auf sie über.

Bei der nachfolgenden Besprechung fällt Sam durch eine abfällige Bemerkung über die Jaffa auf. Dr. Frasier untersucht sie routinemäßig, bemerkt jedoch nur eine leichte Halsentzündung. Allerdings hat die Ärztin auch eine Überraschung für sie. Sie hat Cassandra, das kleine Mädchen, das von den Goa'uld einst als lebende Bombe zur Erde geschickt wurde, mit zur Basis gebracht. Als Sam am Bett eines Schwerverletzten, der eigentlich schon längst tot sein müsste, vorbei kommt, leuchtet es unter den Verbänden golden auf, kaum dass sie sich wieder entfernt hat. Sie besucht Cassandra in Frasiers Büro, doch als sie sich umarmen, weicht die Kleine plötzlich ängstlich vor ihr zurück. Sie hat den Goa'uld gespürt.

Dennoch verzichtet Sam darauf, ihr etwas anzutun. Sie droht nur damit, das Mädchen zu töten, wenn es jemandem von seiner Entdeckung berichte. Die Drohung hat jedoch keinen Erfolg; Cassandra vertraut sich O'Neill an. Dieser rammt Sam eine Spritze mit einem Betäubungsmittel in die Schulter, das jedoch keine Wirkung zeigt. Mit einer entsicherten Handgranate in der Hand verlangt Sam, dass man sofort das SternenTor öffnet. Bevor sie jedoch etwas unternehmen kann, bricht sie bewusstlos zusammen.

Der Schwerverletzte überwältigt derweil einen Arzt und reißt sich die Verbände herunter. Seine verbrannte Haut ist unverletzt. Er würgt ein Gerät der Goa'uld, das er heruntergeschluckt hat, hervor. Anschließend sucht er nacheinander die evakuierten Nasianer auf und untersucht sie mit diesem Gerät.

Teal'c weist O'Neill darauf hin, dass Arroganz die größte Schwäche der Goa'uld sei. Viele von ihnen hätten bereits aus purer Prahlerei über ihre angebliche Macht Geheimnisse preisgegeben. Der Goa'uld in Sam lässt sich jedoch nicht provozieren. Er bietet an, sich einen neuen Wirt zu suchen und Sam unversehrt zurückzuschicken, wenn man sie gehen ließe. Für einen kurzen Moment erlangt die echte Sam die Kontrolle über den Körper. Sie behauptet, der Goa'uld spräche die Wahrheit und fleht O'Neill an, ihr zu glauben. Doch dieser verlässt den Raum.

In einem Gespräch mit Teal'c weist sie ihn darauf hin, dass nicht alle Goa'uld gleich seien. Er habe sicherlich schon von der Tok'ra gehört, einer Widerstandsbewegung innerhalb der Goa'uld, die die Pharaonen bekämpft. Der Parasit in Sam stellt sich als Jolinar vor und behauptet, er gehöre der Tok'ra an. Teal'c holt O'Neill zu dem Gespräch, doch beide sind skeptisch, ob der Goa'uld die Wahrheit sagt. Jolinar erklärt, die Tok'ra würden Menschen nicht gegen deren Willen als Wirte nehmen, sondern sich Personen aussuchen, die im Sterben lägen und bereit wären, in Symbiose mit ihnen weiterzuleben. Lediglich bei Sam sei ihm keine andere Wahl geblieben, da er sonst mit seinem schwerverletzten Wirt gestorben wäre. Er stellt Daniel in Aussicht, ihm Sha'uri zurückzubringen, denn er wisse, wo sie sich befände. Angesichts der Tatsache, dass Jolinar Cassandra verschont und auch keine Sabotageakte verübt oder sonst jemandem geschadet hat, hält man es allmählich für möglich, dass er die Wahrheit sagt.

O'Neill berichtet ihm von dem schwerverletzten Nasianer, der aus seinem Krankenbett gestiegen und verschwunden ist. Jolinar erklärt, dieser sei ebenfalls ein Goa'uld, ein Elite-Killer, der Jagd auf sie machen würde, um sie zu töten. Das würde auch Sams Tod bedeuten.

Die Sicherheitsvorkehrungen werden verschärft, die Suche nach diesem anderen Goa'uld mit allen Mitteln betrieben. Da sein Gesicht verbrannt war, als er hergebracht wurde, weiß jedoch niemand, wie er aussieht. Deshalb gelingt es dem Killer, trotz aller Vorsichtsmaßnahmen bis zu Jolinar vorzudringen. Er verwundet sie schwer, wird aber von einem Einsatzteam in die Flucht geschlagen, bevor er sein Werk vollenden kann. Teal'c tötet ihn, als er versucht, durch das SternenTor zu entkommen.

Die Waffe, mit der er Jolinar angegriffen hat, wirkt nur auf den Goa'uld, nicht auf den Wirt. Um Sams Leben zu retten, geht Jolinar freiwillig in den Tod. Sam wird sich bald erholt haben.

Bemerkungen:

Die Episode variiert das Thema der ersten Folge „Der Feind in seinem Körper", in der Major Kawalsky von einem Goa'uld infiziert wird und diesen in die Basis einschleppt. Glücklicherweise kommt es jedoch nicht zu einem Neuaufguss dieser Geschichte, wonach es anfangs aussieht.

Stattdessen bekommt es das SG-Team erstmals mit einem „guten“ Goa’uld zu tun. Durch sein Handeln beweist Jolinar, dass das, was er erzählt, wahr ist.

Die Begegnung mit Jolinar wird sich für das SG-Projekt noch als schicksalhafter erweisen, als man es sich gegenwärtig vorstellt. In späteren Episoden werden die Tok’ra eine wichtige Rolle spielen. Angesichts ihrer Bedeutung ist es allerdings sehr verwunderlich, dass Teal’c nicht bereits längst von dieser Widerstandsbewegung innerhalb der Goa’uld erzählt hat, denn schließlich weiß er schon aus seiner Zeit als Apophis’ Diener davon.

Nach jeder Mission werden die Mitglieder der Teams medizinisch untersucht. Diese Untersuchung scheint allerdings ziemlich oberflächlich zu sein, zumal nicht mal entdeckt wird, dass Sam von einem Goa’uld infiziert wurde. Zu Dr. Frasiers Entschuldigung kann man nur anführen, dass bislang unbekannt war, dass das Eindringen eines Parasiten auch durch den Mund möglich ist. Als sie davon erfährt, beschließt sie, in Zukunft gründlichere Untersuchungen unter anderem mit Ultraschall durchzuführen, damit sich etwas derartiges nicht wiederholt.

Folge 23: ZERSTÖRERIN DER WELTEN
OT: PRISONERS

Drehbuch: Terry Curtis Fox
Regie: David Warry-Smith

Gaststars:
Linea – Bonnie Bartlett
Technikerin – Laara Sadiq
Vishnoor – Mark Acheson
Roshure – Kim Kondrashoff

Inhalt:

Bei einer neuen Mission stößt das Team von SG-1 auf einen völlig verängstigten Mann, der sie anfleht, ihn vor Taldor zu schützen. Gleich darauf werden sie an einen dunklen Ort transportiert. Scheinbar körperlose Stimmen reden auf sie ein, und im gleichen Moment fällt Daniel ein, dass Taldor *Justiz* bedeutet. Die Stimmen werfen ihnen vor, altehrwürdigen Boden entweiht zu haben, indem sie dem Mann halfen, der angeblich einen Mord begangen haben soll. Trotz ihrer Rechtfertigungen werden sie zu dazu verurteilt, den Rest ihres Lebens im Gefängnis Hadante zu verbringen.

Durch das SternenTor werden sie ohne ihre Ausrüstung in eine unterirdische Ruinenlandschaft geschickt. Zahlreiche weitere Gefangene befinden sich hier, doch scheint es keine Wächter zu geben. Einer von ihnen stürzt sich auf Sam, die ihn jedoch abwehrt.

Bevor die Situation eskalieren kann, tritt eine Frau zu ihnen, die sich als Linea vorstellt, und erklärt, dass die Neuankömmlinge unter ihrem Schutz stünden. Offenbar besitzt sie großen Einfluss hier, denn niemand wagt es, ihr zu widersprechen.

Da es hier keine Steuerkonsole für das SternenTor gibt, benötigt SG-1 Energie, um es wie schon in „Die Qualen des Tantalus" auf andere Weise zu aktivieren. Sie machen sich auf die Suche nach einer Energiequelle. Erneut treffen sie mit Linea zusammen und erklären dieser ihr Problem. Linea behauptet, dass sich das SternenTor von dieser Seite aus nicht öffnen ließe, weil niemand aus den unzähligen Kombinationsmöglichkeiten der Symbole korrekte Koordinaten errechnen könne. O'Neill antwortet, dass sei ihnen schon gelungen, es würde nur die Energie fehlen. Linea demonstriert ihnen, dass sie die Möglichkeit besitzt, mittels bestimmter Wurzeln und chemischer Substanzen auf subatomarer Ebene Strom zu erzeugen, eine Art kalter Kernfusion. Sie schließen einen Pakt miteinander, um gemeinsam zu fliehen.

Andere SG-Teams bemühen sich derweil erfolglos, mit den Taldoranern über die Freilassung von SG-1 zu verhandeln. General Hammond reist persönlich nach Taldor. Doch auch er bekommt nur mitgeteilt, dass die bestehenden Gesetze unumstößlich seien und es für niemanden die Möglichkeit zur Rückkehr von Hadante gäbe.

Ein weiterer Gefangener trifft ein. Er ist blind, doch mittels einer Tinktur kann Linea ihm das Augenlicht zurückgeben. Sie berichtet weiter, dass sie nach Hadante verbannt worden sei, weil sie ein Mittel entwickelt habe, um eine Seuche zu bekämpfen. Es habe jedoch nicht wie erhofft gewirkt und die Ausbreitung der Seuche stattdessen noch beschleunigt.

Es gelingt, mit Lineas Hilfe das SternenTor zu aktivieren. Ein direkter Übergang zur Erde ist unmöglich, da man kein Erkennungssignal senden kann, so dass die Iris geschlossen bliebe. Daniel erinnert sich jedoch, dass SG-3 derzeit auf Erkundungsgang unterwegs sei und gibt deren Koordinaten ein. Auf diesem Umweg gelangen sie zurück zur Erde.

Der Mann, dessen Augen Linea geheilt hat, beobachtet, wie das Tor aktiviert wird. Unbemerkt von SG-1 kann auch er es passieren, bevor es sich wieder schließt. Er wird auf B2A509 von SG-3 aufgegriffen und zu Hammond gebracht. Dort berichtet er, dass er Linea von früher her kenne und sie die „Vernichterin der Welten" genannt werde. Sie sei keine Heilerin, sondern löse Seuchen erst aus und habe bereits die halbe Einwohnerschaft einer Welt auf diese Weise ausgerottet. Ahnungslos stellt Sam Linea inzwischen die Computer der Basis zur Verfügung, in der Hoffnung, Linea würde ihr Wissen auch der Menschheit zur Verfügung stellen. Stattdessen aktiviert Linea auf diese Art das SternenTor und flieht an einen unbekannten Ort, um dort ihr schreckliches Handeln fortzusetzen.

Bemerkungen:

Die Idee, Strafgefangene für den Rest ihres Lebens an einen Ort zu deportieren, wo sie ohne Wächter oder sonstige Einmischung von außen auf sich selbst gestellt sind, ist SF-Fans aus dem Film „Die Klapperschlange" (Escape From New York, USA 1981) bestens bekannt. In diesem Film war ganz Manhattan in ein entsprechendes Gefangenenlager verwandelt worden, und Snake Plissken alias Kurt Russel wurde hineingeschickt, um den Präsidenten zu befreien, der mit der Airforce One dort abgestürzt war.

Zwar leitet General Hammond seit mehreren Jahren das SG-Programm, doch erst in dieser Folge unternimmt er seine erste eigene Reise durch ein SternenTor.

Die Episode ist die meiste Zeit über höchst langweilig. Erst gegen Ende kommt etwas Spannung auf, als sich herausstellt, wie gefährlich Linea in Wahrheit ist (ein Plot, der durch den Kurztext auf der Videohülle zudem schon vorweggenommen wird). In dem Moment, in dem der interessante Teil der Handlung gerade beginnen könnte, kommt stattdessen das Ende, da Linea dafür gesorgt hat, dass ihr niemand folgen kann. Zurück bleibt ein ziemlich betroffenes SG-1-Team, das sich seine Freiheit unwissentlich damit erkauft hat, dass es einer psychopathischen Massenmörderin ebenfalls die Flucht ermöglicht hat. Dadurch trägt es eine Mitschuld am möglichen Tod Millionen Unschuldiger durch die „Vernichterin der Welten".

Der deutsche Titel der Folge lautet „Zerstörerin der Welten", doch in der Episode wird von Linea als der „Vernichterin der Welten" gesprochen. Zwar bedeutet beides das gleiche, aber es demonstriert, wie gedankenlos und unachtsam die deutschen Titel leider manchmal ausgewählt werden.

Folge 24: VIRTUELLER ALPTRAUM
OT: THE GAMEKEEPER

Drehbuch: Jonathan Glassner
Regie: Martin Wood

Gaststars:
Bewahrer – Dwight Schultz
Dr. Frasier – Teryl Rothery
Captain Kawalsky – Jay Acovone

Inhalt:

SG-1 wird auf den Planeten P7J989 geschickt, von wo die Sonde Aufnahmen eines modernen Kuppelgebäudes inmitten eines gepflegten Gartens gesendet hat, dessen Architektur nicht der der Goa'uld entspricht. In der Hoffnung, dort vielleicht Verbündete zu finden, tritt das Team die Reise an. Es entdeckt inmitten der Idylle Menschen, die an bizarre Apparate angeschlossen sind. Als Sam eines der Geräte untersucht, werden sie plötzlich alle vier von stählernen Fangarmen gepackt und ebenfalls an die Maschinen gekoppelt.

Gleich darauf findet sich O'Neill zusammen mit Teal'c in der Nähe eines abgelegenen Hauses auf der Erde wieder. Ein Militärlastwagen kommt herangefahren, dem Kawalsky und ein weiterer Soldat, der vor vielen Jahren gestorben ist, entsteigen. O'Neill ist entsprechend verwirrt. Er erinnert sich, dass er 1982 schon einmal in dieser Gegend war, nämlich in der damaligen DDR, wo er zusammen mit Kawalsky und dem anderen Soldaten einen russischen Doppelagenten aus dem nahegelegenen Haus holen musste. Die Aktion ging jedoch schief, und der andere Soldat fand dabei den Tod. O'Neill begreift, dass dies nicht die

Wirklichkeit sein kann, oder dass er und Teal'c in die Vergangenheit geschleudert wurden. Teal'c erwähnt, dass ihnen damit vielleicht jemand die Möglichkeit gäbe, die Vergangenheit zu korrigieren.

Alles spielt sich jedoch genau wie damals ab; der Soldat stirbt, und O'Neill und Teal'c müssen fliehen. Vor ihnen hält ein Militärlastwagen, dem Kawalsky und der gerade gestorbene Soldat entsteigen... Anscheinend sind sie in einer Art Zeitschleife gefangen.

Daniel und Sam haben ein ähnliches Erlebnis. Sie befinden sich in einem New Yorker Museum, in dem Daniel als Kind sehr oft war. Sie werden Zeuge, wie seine Eltern vor vielen Jahren starben, als eine Gesteinsplatte sie unter sich begrub.

Ein weiteres Mal durchleben O'Neill und Teal'c den fehlgeschlagenen Einsatz, doch sehen sie diesmal zahlreiche in Kutten gekleidete Gestalten überall stehen, die sonst niemand sieht. Eine der Gestalten mischt sich in das Geschehen ein und erklärt O'Neill, er sei der „Bewahrer der Möglichkeiten". Die Operation sei die schlimmste in O'Neills Leben gewesen, und er habe sich immer Vorwürfe wegen des Fehlschlags gemacht. Da er sich immer gewünscht habe, sie ändern zu können, will der Bewahrer ihm jetzt die Möglichkeit dazu geben.

Auch Daniel und Sam erscheint der Bewahrer und erzählt ihnen die gleiche Geschichte. Genau wie zuvor schon O'Neill weigert sich nun auch Daniel, das grausame Spiel weiter mitzuspielen. Der Bewahrer versetzt auch Jack und Teal'c in das Museum, wo Sam die Theorie entwickelt, sie befänden sich in einer virtuellen Simulation. Der Bewahrer bestätigt dies, erklärt aber auch, dass sie innerhalb der Simulation gefangen seien. Daniel begreift, dass sie eine Art neue Software darstellen. Die aus den Erinnerungen der anderen Gefangenen (der Residenten) geschaffenen Simulationen haben sich nach über tausend Jahren allmählich abgenutzt. An Teal'cs Bewusstsein kommt der Bewahrer wegen dessen Goa'uld nicht heran, und auch Sam ist geschützt, weil sie mit Jolinar eine Symbiose eingegangen war. Deshalb können diese beiden nur Beobachter sein. Daniel erkundigt sich, warum die Leute überhaupt in der Simulation verweilen, statt in der realen Welt eigene neue Erfahrungen zu machen. Der Bewahrer behauptet, dies sei unmöglich, da ihre Welt vor tausend Jahren chemisch verseucht worden sei. Er bezeichnet es als Lüge, dass sie sich mittlerweile wieder in einen fruchtbaren Garten verwandelt habe. In Wirklichkeit kennt er die Wahrheit, doch wenn sie publik würde, wäre er in seiner Position überflüssig.

Daraufhin wendet sich O'Neill direkt an die Residenten, um ihnen die Augen zu öffnen. Der Bewahrer kann dies nur verhindern, indem er SG-1 zornig aus der Simulation entlässt. Die vier erwachen wieder in dem Kuppelbau und kehren zur Erde zurück. Bei der Besprechung regt Daniel an, nach P7J989 zurückzukehren, um auch die Residenten zu befreien. Sie würden aufgrund einer Lüge in der Simulation gehalten, anderseits erhielten die Maschinen ihre Körper aber auch künstlich am Leben. Hammond erklärt, man besäße noch zu wenig Informationen und befiehlt dem Team gegen O'Neills Protest, sich erneut in die Simulation zu begeben. Er hält sogar eine regelrechte Werberede für die Möglichkeiten, die sich ihnen dort bieten würden. Das Team schöpft Verdacht, und als Hammond auch noch den Begriff „Residenten“ verwendet, erkennen sie, dass sie immer noch in der Simulation gefangen sind. O'Neill macht sich offen über Hammond lustig und greift ihn sogar an, so dass sie alle vier in die Arrestzelle wandern. Dort treffen sie wieder mit Kawalsky zusammen; der endgültige Beweis, dass dies nicht die Realität ist.

Sie machen Jagd auf den Bewahrer, der vor ihnen aus der Simulation flieht, so dass auch sie selbst aufwachen. Die anderen will er jedoch weiterhin gefangen halten, weil sie die Welt schon einmal fast zerstört hätten und er verhindern will, dass sie noch einmal Gelegenheit dazu bekommen. Dazu aber ist es zu spät. Durch Portale wie das, das der Bewahrer und SG-1 benutzt haben, kehren auch die Residenten in die Wirklichkeit zurück. Wütend schimpft der Bewahrer, dass er mit seinem Pessimismus Recht gehabt habe. Als die Residenten einige Blumen pflücken, sieht er darin bereits den Beginn ihres globalen Zerstörungswerkes.

Bemerkungen:

Das zentrale Thema der Folge ist die Unterscheidung zwischen der Realität und einer Traumwelt, die zum Beispiel auch von Wes Craven in den Mittelpunkt seines Films „Nightmare – Mörderische Träume“ (A Nightmare On Elm Street, USA 1985) gestellt wurde. Dies führt hier zu einigen ganz lustigen Szenen, vor allem, wenn General Hammond seine eigene Rolle gnadenlos überzieht und dafür von O'Neill die Glatze getätschelt bekommt.

Leider werden hier wieder wesentlich mehr Möglichkeiten verschenkt als genutzt. Es ist ganz nett, dass der tote Kawalsky nochmal einen Auftritt hat. Ansonsten jedoch hätte man für die Simulation besser Ereignisse aus der Vergangenheit der Personen wählen sollen, die dazu beitragen, ihren Charkter zu vertiefen. Die fehlgeschlagene Entführung eines russischen Doppelagenten und die kurze Szene, in der die Steinplatte auf Daniels Eltern stürzt, erfüllen dies sicherlich nicht.

Die im Hinblick auf ihre Vergangenheit wohl interessanteste Figur, nämlich Teal'c, wird sogar ausgeklammert. Es wäre wesentlich spannender gewesen, wenn O'Neill mit ihm zusammen in eine Szenerie aus der Zeit, als Teal'c noch für Apophis arbeitete, versetzt worden wäre, als umgekehrt.

Ganz unrecht hat der Bewahrer nicht, was die Möglichkeiten einer virtuellen Welt betrifft. Mancher, der mit seiner Realität nicht zufrieden ist, mag durchaus ihren Verlockungen erliegen. Man kann sich tatsächlich sein Leben so gestalten, wie man (oder derjenige, der die Simulation kontrolliert) es will, und man merkt nicht einmal, dass es sich nicht um die Wirklichkeit handelt. Der Film „Matrix" (The Matrix, USA 1999) handelt davon, dass unsere gesamte Zivilisation nur eine künstliche Simulation, eine Matrix, ist, die wir ohne Hilfe von außen aber nicht als solche erkennen können.

In der Vergangenheits-Szenerie der Simulation ist Teal'c kurz mit einer Lockenperücke zu sehen und bietet einen so albernen Anblick, dass er die Haare schnell wieder unter einer Mütze versteckt.

Der am 24. November 1947 in Baltimore geborene Dwight Shultz, der den Bewahrer auf herrlich humorvolle Art darstellt, ist einem breiten Publikum vor allem durch seine Rolle als „Howling Mad" Murdock in der Serie „Das A-Team" bekannt geworden. Er hat in mehreren Kino- und TV-Produktionen mitgespielt und arbeitet außerdem als Theaterschauspieler. Als Fan von „Star Trek: Die Nächste Generation" erhielt er eine wiederkehrende Gastrolle als Lieutenant Reginald Barclay.

Erneut ist der deutsche Titel eine absolute Fehlleistung, verrät er doch schon von vornherein, um was es geht, während O'Neill und die anderen bis fast zur Hälfte der Episode rätseln, womit sie es zu tun haben.

Folge 25: DER SARKOPHAG
OT: NEED

Drehbuch: Robert C. Cooper
Regie: David Warry-Smith

Gaststars:
Prinzessin Shyla – Heather Hanson
Pyrus – George Touliatos
Dr. Frasier – Teryl Rothery
Techniker – Gary Jones

Inhalt:

Als Daniel auf dem Planeten P3R636 eine junge Frau davor bewahrt, sich von einer Klippe in die Tiefe zu stürzen, wird das Team von Jaffa festgenommen. Die junge Frau entpuppt sich als Prinzessin Shyla, die Tochter des Königs des Planeten. Da Shyla die Wahrheit verschweigt, wird Daniels Rettungsversuch als Angriff auf sie ausgelegt und das Team dazu verurteilt, in einer Mine Naquada abzubauen. Dabei handelt es sich um das Erz, aus dem die SternenTore bestehen.

Sam erkennt, dass der Statthalter kein Goa'uld ist, und bezweifelt, dass es sich um echte Jaffa handelt. Bei einem Fluchtversuch wird Daniel schwer verletzt und kann nur gerettet werden, indem Shyla ihn mit Hilfe eines Goa'uld-Sarkophags heilt. Im Gegensatz zu den anderen wird er nicht in die Mine zurückgeschickt. Er erhält vornehme Kleidung, und Shyla beginnt mit ihm zu flirten. Sie erzählt ihm, ihre Mutter habe ihr prophezeit, dass eines Tages ein außergewöhnlicher Mann aus der Ferne käme, der ihr

Schicksal würde. Sie glaubt, Daniel sei dieser Mann. Da sie schon geglaubt hatte, dass ihre große Liebe nie käme, wollte sie sich von der Klippe stürzen.

Er erzählt den anderen davon, teilt ihnen aber auch mit, dass er noch Zeit brauche, um König Pyrus davon zu überzeugen, auch die freizulassen. Sie können nicht glauben, was sie hören.

Daniel wird mit fürstlichen Ehren bewirtet. Dabei erzählt Pyrus ihm, er hätte vor langer Zeit den Goa'uld getötet, der hier herrschte. Seither täte er so, als sei alles noch wie früher, damit keine anderen Goa'uld herkäme. Offenbar ist er jedoch geistig verwirrt, denn er befielt, O'Neill und die anderen zu töten. Erst auf Drängen Shylas nimmt er diesen Befehl zurück. Sie hofft, dass sie ihren Vater im Laufe der Zeit überreden kann, sie freizulassen. Damit Daniel sich noch besser fühlt, überredet sie ihn, noch ein paarmal in den Sarkophag zu steigen.

Nach einigen Tagen ist er seltsam verändert. Er sendet eine Nachricht zur Erde, dass alles in Ordnung sei, man brauche nur mehr Zeit. Das Schicksal seiner Begleiter, die sich in der Mine zu Tode schuften, interessiert ihn kaum noch. Er will Shyla heiraten.

Sam hat im Traum eine Vision und erinnert sich an etwas, das sie während der Verschmelzung von Jolinar erfahren hat. Die Tok'ra benutzen keine Sarkophage, da diese böse Kräfte entfalten und einem auf Dauer den Verstand und die Persönlichkeit rauben. Möglicherweise seien die Goa'uld nur deshalb so grausam. O'Neill berichtet Daniel davon, doch dieser hört ihm gar nicht richtig zu.

Nach über siebenhundert Jahren kann auch der Sarkophag König Pyrus nicht mehr völlig gesund erhalten. Shyla übernimmt die Regierungsgeschäfte. Da sie davon überzeugt ist, dass Daniel aus freien Stücken zu ihr zurückkommen wird, lässt sie SG-1 zurück zur Erde reisen.

Dort macht sich Dr. Frasier wegen seiner extrem hohen Endorphinwerte Sorgen um Daniel. Sam erklärt ihm, der Sarkophag wirke wie eine Droge. Dennoch will Daniel zurückkehren und Shyla heiraten. Nicht einmal die Erwähnung von Sha'uri kann etwas daran ändern. Sam drängt General Hammond, Daniel in Sicherheitsverwahrung zu nehmen, da er an einer Bewusstseinsstörung leide. In diesem Moment kommt er in den Raum gestürmt, legt dem General seine Kündigung vor und bittet um die Erlaubnis, wieder nach P3R636 reisen zu dürfen. Im nächsten Moment bricht er bewusstlos zusammen. Auf der Krankenstation durchleidet er schreckliche Entzugserscheinungen. Er überwältigt Dr. Frasier und eine Wache, richtet sogar eine Waffe auf O'Neill. Schließlich kommt er jedoch wieder zur Besinnung.

Daniel will trotzdem noch einmal nach P3R636 reisen, um Shyla zu überreden, ihrem Volk die Freiheit zu schenken. Außerdem gäbe es auf der Erde zahlreiche Einsatzmöglichkeiten für das Naquada, wenn man einen entsprechenden Liefervertrag mit ihr abschließen könne.

Er gesteht Shyla, dass er sie nicht wirklich liebe, sondern es sich nur eingebildet habe. Er kann sie jedoch dennoch überreden, ebenfalls auf die Benutzung des Sarkophags zu verzichten. Mit einer Stablanze zerstört sie das Gerät.

Bemerkungen:

Die Idee, nach einem erfolgreichen Aufstand gegen die Goa'uld so zu tun, als sei alles beim Alten, ist recht interessant, kann aber nicht funktionieren, wenn es einmal eine Überprüfung geben sollte. Da Sam als ehemaliger Wirt genauso wie Teal'c spüren kann, dass Pyrus kein Goa'uld ist, würde dies jeder andere Jaffa ebenso sofort erkennen.

Hier offenbart sich nun endlich der Haken an den so prächtig erscheinenden Sarkophagen. Allerdings hat

Daniel bereits zuvor mehr als einmal einen benutzt, ohne dass es ihm geschadet hätte. Ein negative Wirkung, die bis zur Sucht reichen kann, entfalten die Geräte also offenbar erst, wenn man sie wie eine Droge oft hintereinander benutzt. Insofern ist die Reaktion, ihn zu zerstören, völlig überzogen. Er könnte nicht nur bei späteren Einsätzen tödlich verwundete Mitglieder der SG-Teams retten, sondern auch Tausende unheilbar kranke Menschen könnten damit kuriert werden. Schließlich hat sich ja bereits gezeigt, dass ein einmaliger Einsatz keine erkennbaren negativen Folgen nach sich zieht.

Als SG-1 nach der tagelangen Zwangsarbeit in der Mine zur Erde zurückkehrt, erstattet O'Neill General Hammond einen Kurzbericht mit den Worten: „Wir hatten eine lustige Zeit, Sir. Carter hat eine Portion Naquada mitgebracht, Teal'c hat wie immer Freunde gefunden, Daniel hat vor zu heiraten – und ich werde jetzt duschen gehen."

Folge 26: RÜCKKEHR DES THOR
OT: THOR'S CHARIOT

Drehbuch: Katharyn Powers
Regie: William Gereghty

Gaststars:
Gaerwen – Tamsin Kelsey
Olav – Andrew Kavadas
Heru'ur – Douglas H. Arthurs
Thor – Mark Gibbon

Inhalt:

Das SternenTor auf der Erde wird von außen aktiviert, ohne dass ein Zugangscode gesendet wurde. Folglich bleibt die Iris geschlossen. Als man sie anschließend untersucht, findet man Spuren von Eridium daran, einem Material, von dem SG-1 eine Probe auf Cimmeria, der Welt Thors, als Opfer für den Donnergott zurückgelassen hat. Daniel vermutet, dass die Asgard, das Volk Thors, ihnen auf diese Weise eine Nachricht zukommen lassen wollen.

Eine Sonde wird durch das SternenTor nach Cimmeria geschickt. Der hammerförmige Fels vor dem Tor, in dem sich der Scanner befand, ist zerstört. Vor ihm liegt ein toter Jaffa. Dann fängt die Kamera Gaerwen ein, die verzweifelt um Hilfe fleht, da die Goa'uld ihre Welt überfallen hätten.

O'Neill erinnert daran, dass sie selbst es gewesen seien, die Thors Hammer zerstört hatten, wodurch nun jeder Jaffa das Labyrinth passieren könne. Da sie dafür verantwortlich seien, dass die Cimmerianer nicht länger geschützt seien, sollten sie ihnen nun helfen. Hammond erteilt SG-1 die Erlaubnis, nach Cimmeria zu reisen.

Dort treffen sie auf Gaerwen, die berichtet, dass Raumschiffe der Goa'uld auf ihrer Welt gelandet seien. Die Jaffa hätten sofort begonnen, die Einwohner zu töten. Die Hälfte der Menschen seien bereits tot, darunter auch Kendra, die ehemalige Wirtin eines Goa'uld.

Unter Kendras persönlichen Sachen, die auf ihrem Grab liegen, befindet sich auch eines der goldenen, handschuhähnlichen Geräte der Goa'uld. Sam streift es über und stellt fest, dass sie es als frühere Wirtin von Jolinar ebenfalls benutzen kann, wenngleich ihr die Kontrolle noch schwer fällt.

Die anderen Einwohner begrüßen sie weniger freundlich, da sie ihnen die Schuld an dem Überfall geben. Dennoch sind sie in ihrer Verzweiflung schließlich bereit, die Hilfe von SG-1 anzunehmen. Einer von ihnen führt O'Neill und Teal'c zu den drei gelandeten Raumschiffen. Anhand der Helme der Jaffa erkennt Teal'c, dass sie dem Goa'uld Heru'ur dienen, dem Sohn von Ra und Hathor, der die Nachfolge seines Vaters angetreten hat. Er sei ein sehr mächtiger Pharao, der selbst von den anderen Goa'uld gefürchtet werde. Die Pyramidenschiffe seien lediglich Landepodien für die eigentlichen Mutterschiffe, die wohl bald eintreffen dürften.

Im Versteck der Cimmerianer hat Daniel von einer Legende über Thors „Halle der Macht" erfahren. Dort könnten sich mächtige außerirdische Waffen befinden. Gaerwen führt sie dorthin. Sie erreichen einen hammerförmigen Obelisk. Als Daniel ihn berührt, werden sie an einen anderen Ort versetzt. Dort erklärt ihnen ein Hologramm Thors, dass nur an seiner Macht teilhaben könne, wer dieses auch wert sei. Um dies zu beweisen, müssten sie verschiedene Prüfungen bestehen. Dies gelingt ihnen. Währendessen liefern sich O'Neill und Teal'c verschiedene Feuergefechte mit den Jaffa.

Anstelle des Hologramms von Thor erscheint nun ein kleines außerirdisches Männchen mit einem großen Kopf und schwarzen Augen und erklärt, es sei der wahre Thor, der Oberkommandierende der Asgard-Flotte. Sam stellt fest, dass das Wesen genau der Beschreibung von Außerirdischen in diversen SF-Filmen entspricht. Sie bitten Thor um Hilfe, doch dieser teilt ihnen mit, dass eine aktive Einmischung von seiner Seite eigentlich nicht vorgesehen sei. Sam und Daniel werden an den Ausgangspunkt ihrer Suche zurückversetzt, Gaerwen jedoch bleibt verschwunden.

Sie kehren zum Versteck zurück, das von den Jaffa angegriffen wird. Die Lage ist hoffnungslos. Um das Leben der Cimmerianer zu retten, ergibt sich SG-1. In diesem Moment jedoch reißt der Himmel auf, und ein gewaltiges Raumschiff der Asgard erscheint, das die Schiffe der Goa'uld vernichtet. Offenbar hat Thor es sich anders überlegt.

Gaerwen kehrt zurück. Sie überbringt ihnen die Nachricht, Thors Volk habe auch die Erde schon des öfteren besucht und sei bemüht, alle Zivilisationen vor den feindlichen Goa'uld zu schützen. Ein Asgard-Lehrer wird sich um die Entwicklung der Cimmerianer kümmern, doch trotz seines Goa'uld sei Teal'c als einziger Jaffa auch in Zukunft hier jederzeit willkommen.

Bemerkungen:

Die Episode setzt die Ereignisse aus „Im Reich des Donnergottes" fort. Wie schon dort erwähnt, heißen die nordischen Götter eigentlich Asen, während Asgard nur ihr Wohnsitz war. Hier heißt jedoch Thors Volk so. Auf jeden Fall ist mit den Asgard eine interessante neue Rasse in die Handlung eingeführt worden, die den Goa'uld weit überlegen ist und gegen sie Krieg führt. „StarGate

Kommando SG-1“ entwickelt sich immer mehr zu einer breit angelegten galaktischen Space Opera.

Das Asgard-Mutterschiff und die Art, wie es erscheint, hat eine verdächtige Ähnlichkeit mit den Zerstörern in Emmerichs „Independence Day“.

Es ist äußerst verwunderlich, dass die Goa'uld beziehungsweise Jaffa anscheinend nie Wachen am SternenTor zurücklassen, wenn sie eine fremde Welt überfallen. Für die Dramaturgie mag dies notwendig sein, da SG-1 direkt bei der Ankunft sonst ein leicht zu tötendes Opfer wäre, aber die Glaubwürdigkeit leidet erheblich darunter.

Fraglich bleibt auch, warum General Hammond nur SG-1 nach Cimmeria entsendet. Warum schickt er nicht direkt eine Eliteeinheit Marines mit dorthin, wenn er weiß, dass dort die Goa'uld lauern?

Folge 27: **TROJANISCHE KUGEL**
OT: MESSAGE IN A BOTTLE

Drehbuch: Brad Wright
Regie: David Warry-Smith

Gaststars:
Dr. Frasier – Teryl Rothery
Lieutenant Graham Simmons – Tobias Mehler
Techniker – Gary Jones
Sergeant Siler – Dan Shea

Inhalt:

Von einem unbewohnten öden Planeten, ähnlich unserem Mond, bringt SG-1 eine mit Inschriften übersäte Kugel mit zur Erde. Die ersten Untersuchungen führen zu keinem Ergebnis. Als die Kugel plötzlich beginnt, sich zu erwärmen und Energie zu produzieren, versucht O'Neill, sie durch das SternenTor an ihren Ursprungsort zurückzuschicken. Das verhindert die Kugel, indem sie lange, stachelähnliche Auswüchse bildet, die sich in Boden, Decke und Wände bohren. Eines der Teile durchdringt O'Neills Schulterblatt und nagelt ihn an die Wand.

Alle Versuche, ihn zu befreien, scheitern, da das Material unglaublich hart ist. Obwohl kein Blut aus der Wunde tritt, und sie sich auch nicht entzündet, bekommt O'Neill Fieber. Die Bestrahlung mit UV-Licht zeigt, dass sich virenähnliche Organismen von der Kugel ausbreiten. Zahlreiche Menschen sind bereits infiziert. Hammond verhängt den Quarantänezustand. Der Organismus befällt jedoch nicht nur lebendes Gewebe, sondern sogar Beton, und breitet sich sogar in elektrischen Schaltkreisen aus. Da er sich von Energie ernährt, bleiben alle Gegenmaßnahmen nutzlos. Sam kommt auf die Idee, die Sauerstoffzufuhr zu drosseln, wodurch die Ausbreitung des Virus zumindest stark verlangsamt wird.

Dennoch befällt dieser die Computer und löst den Countdown für die automatische Selbstzerstörung aus. Zugleich erscheinen einzelne Symbole, die auch auf der Kugel zu sehen sind, auf den Monitoren. Daniel erkennt, dass der Organismus offenbar intelligent ist und mit ihnen zu kommunizieren versucht, dafür aber erst eine bestimmt Ausbreitung erreicht haben muss. Statt ihn zu bekämpfen, lässt Sam ihm Energie und Sauerstoff zufließen.

Durch O'Neill redet der Organismus mit ihnen. Es handelt sich bei ihm tatsächlich um eine intelligente außerirdische Lebensform, die in der Kugel überlebt hat, als ihre Welt zu sterben begann. Sie verfolgt keine bösen Absichten, sondern möchte einfach nur leben. Da man nicht zulassen kann, dass sie sich unbegrenzt auf der Erde ausbreitet, schlägt Daniel eine fruchtbare, unbewohnte Welt als neue Heimat vor.

Die Mikroorganismen kehren in die Kugel zurück, ebenso die Stachel. O'Neill bringt die Kugel durch das SternenTor. Im gleichen Moment nehmen die Computer wieder Befehle entgegen, und die Selbstzerstörungsautomatik kann gestoppt werden.

Bemerkungen:

Die Episode ist in etwa so öde wie der Planet, von dem die Kugel stammt. Zwar gerät die gesamte Basis in Gefahr, aber es handelt sich wieder einmal wie so oft im SF-Genre um eine Art Seuche, deren Fortschreiten eingedämmt werden muss.

Was die Folge auch nicht herausreißt, ist die Wendung, dass es sich um keine Krankheit, sondern um ein intelligentes Wesen handelt.

Wie fast immer, wenn es in einem Film oder einer Serienfolge darum geht, eine Bombe zu entschärfen, kann der Countdown der Selbstzerstörungsautomatik genau eine Sekunde vor der Explosion gestoppt werden.

Folge 28: DER VERLORENE SOHN
OT: FAMILY

Drehbuch: Katharyn Powers
Regie: William Gereghty

Gaststars:
Bra-Tac – Tony Amendola
Drey-Auc – Brook Parker
Dr. Frasier – Teryl Rothery
Apophis – Peter Williams

Inhalt:

Durch das SternenTor kommt Bra-Tac von Chulak zur Erde und teilt Teal'c mit, dass dessen Sohn Rya'c von Apophis entführt worden sei. Das Team ist zunächst einmal entsetzt, dass Apophis überhaupt noch lebt, ist man doch davon ausgegangen, dass er und Klorel bei der Explosion ihrer Schiffe (siehe Folge 21 „Die Invasion: Kampf um die Erde") ums Leben kamen. Er hat jedoch einen Großteil seiner Macht eingebüßt und kehrte in Schande nach Chulak zurück, wo seither Chaos herrscht. Er muss schnelle Erfolge vorweisen, und die Entführung Rya'cs dient nur dazu, Teal'c in die Hände zu bekommen.

Um Apophis endgültig zu besiegen und Teal'cs Familie auf die Erde zu holen, damit der Jaffa auf diese Art nicht mehr erpresst werden kann, reist SG-1 mit Bra-Tac nach Chulak, nachdem sie die Wachen am dortigen SternenTor mit Betäubungsgas ausgeschaltet haben. Sie suchen Drey-Auc auf, Teal'cs Frau. Diese hat sich jedoch inzwischen von ihrer Ehe entbinden lassen und Fro-tak geheiratet, einen früheren Freund Teal'cs, woraufhin dieser äußerst wütend wird. Er fühlt sich entehrt, verzichtet aber im Interesse ihrer Mission darauf, Rache zu nehmen. Drey-Auc erklärt ihm, dass sie Fro-tak nicht liebe. Ihr Sohn habe es jedoch nicht verdient, als Ausgestoßener zu leben, und die Heirat mit Fro-tak habe ihnen die Rückkehr in die Gesellschaft ermöglicht.

Es gelingt dem Team, bis zu Rya'c vorzudringen, um ihn zu befreien, doch statt sich freuen, reagiert dieser entsetzt und ruft die Wachen. Mit knapper Not können Teal'c und die anderen fliehen. In einer Ansprache zeigt sich Apophis zusammen mit dem Jungen. Rya'c behauptet, sein Vater sei nicht nur ein Verräter, sondern auch böse, und die anderen Jaffa sollten sich von seiner Ketzerei nicht verführen lassen. Offenbar hat man den Jungen einer Gehirnwäsche unterzogen. Während der Ansprache übermittelt er Teal'c jedoch einen Hinweise, dass er ihn am nächsten Morgen an einem bestimmten Platz außerhalb der Stadt treffen möge.

Fro-tak beobachtet, wie sich Drey-Auc und Teal'c küssen. Eifersüchtig will er sie an Apophis verraten, doch O'Neill verhindert dies, indem er Fro-tak tötet.

Am nächsten Morgen überfallen sie die Patrouille, die Rya'c begleitet. Der Junge zeigt sich überglücklich, wieder bei seinem Vater sein zu dürfen. Teal'c glaubt ihm, während die anderen misstrauisch über seinen plötzlichen Sinneswandel sind.

Trotz ihrer Bedenken nehmen sie Rya'c und Drey-Auc mit zur Erde. Dort wird plötzlich auch Drey-Auc misstrauisch. Sie erzählt, dass der Junge beim Training mit Bra-Tac zwei Zähne verloren habe. Jetzt aber sei sein Gebiß wieder vollständig. Als Dr. Frasier ihm Blut abnehmen will, rastet der Junge aus und kann nur mit Gewalt gebändigt werden. In den künstlichen Zähnen findet Dr. Frasier Mikroorganismen. Einzeln sind sie ungefährlich, doch wenn sie sich miteinander verbunden hätten, wären sie zu einer tödlichen Bio-Waffe geworden, die sich in der Atmosphäre verteilt hätte. Innerhalb nur einer Woche wäre die Erde entvölkert worden. Die beiden Zähne werden entfernt, doch Rya'c steht nach wie vor treu zu Apophis.

Nachdem Teal'cs Versuche fehlschlagen, ihn durch einen Appell an seine Gefühle wieder auf seine Seite zu ziehen, wird die Konditionierung schließlich mittels Elektroschocks durchbrochen. Da sie nicht nach Chulak zurückkehren können, ohne erneut Apophis in die Hände zu fallen, werden Drey-Auc und Rya'c zu den Tollanern nach P3X797 geschickt, ins „Land des Lichts" (siehe Folge 2 „Die Seuche").

Bemerkungen:

Bedauerlicherweise ist Apophis nur kurz während seiner Ansprache zu sehen, tritt ansonsten jedoch nicht mehr in der Folge auf. Auch werden die Verhältnisse auf Chulak nach seiner vernichtenden Niederlage nur kurz angerissen. Bra-Tac erwähnt zwar, dass Apophis einen Großteil seiner Krieger verloren habe, doch der große Umsturz hat bislang nicht stattgefunden. Diese Ereignisse hätten einen wesentlich interessanteren Background abgegeben.

Selbst Apophis' Plan, mit Rya'cs Hilfe die Bevölkerung der Erde zu töten, wird binnen weniger Minuten abgehandelt. Stattdessen stehen fast ausschließlich Teal'cs Gefühle für seine Frau und seinen Sohn im Mittelpunkt. Dadurch wird die Episode äußerst melodramatisch bis hin zur Gefühlsduselei, gemischt mit ein paar übertrieben pathetischen Sprüchen.

Der Kurztext auf dem Rück-Cover des deutschen Kaufvideos zeigt wieder einmal, wie wenig sorgfältig von den Verantwortlichen gearbeitet wird. Innerhalb des ersten Satzes finden sich gleich zwei Fehler. Obwohl Teal'cs Name zuvor des öfteren richtig geschrieben und in der ersten Episode sogar von O'Neill buchstabiert wurde, wird er hier als Te'Alc angegeben. Chulak wird hier Chulac geschrieben.

Folge 29: SHA'RE'S RÜCKKEHR
OT: SECRETS

Drehbuch: Terry Curtis Fox
Regie: Duane Clark

Gaststars:
Jakob Carter – Carmen Argenziano
Sha'uri – Vaitiare Bandera
Kasuf – Erick Avari
Apophis – Peter Williams

Inhalt:
Als er nach der Entführung von Sha'uri und Skaara von Abydos aufgebrochen ist, hat Daniel Kasuf aufgetragen, das SternenTor zu vergraben, und es erst in genau einem Jahr wieder zu öffnen. Dieser Zeitpunkt ist nun gekommen. Da O'Neill und Carter dringend in Washington erwartet werden, wo sie für die Vernichtung der beiden Goa'uld-Schiffe vom Präsidenten einen Orden erhalten sollen, begleitet nur Teal'c Daniel nach Abydos. Dort versucht Daniel umständlich, Kasuf zu erklären, was mit Sha'uri passiert sei, und dass er sie bislang nicht gefunden habe. Kasuf winkt jedoch nur ab und führt den völlig überraschten Daniel zu Sha'uri, die bereits auf ihn wartet. Sie trägt immer noch Amonette, Apophis' Gefährtin, in sich. Der Goa'uld schläft jedoch in ihr. Sollte er erwachen, würde das Kind, dass einst ein neuer Wirt für Apophis werden soll, tot geboren.

Teal'c drängt darauf, sie sofort zur Erde zu bringen, doch Daniel sträubt sich. Sha'uri habe schon genug durchgemacht. Auf der Erde würde sie wahrscheinlich in die Hände von Leuten wie Mayborne fallen, die in ihr nur ein Versuchskaninchen sähen und versuchen würden, ihr ihr

Wissen zu entreißen. Teal'c hält dagegen, dass anderenfalls nach der Geburt der Goa'uld in ihr wieder erwachen und sie zu Apophis zurückkehren würde.

Beim Empfang des Präsidenten in Washington treffen Sam und Jack mit Jakob Carter zusammen, Sams Vater, der ebenfalls ein ranghoher Offizier ist. Da sie ihm nichts über ihre wahren Aufgaben erzählen darf, gibt sie an, sie sei mit der Analyse der Radar-Telemetrie im Weltall beschäftigt. Jakob hält das für Zeitverschwendung und fordert, dass sie zur NASA wechsle, zumal sie schon als Kind immer davon geträumt habe, eines Tages ins Weltall zu fliegen. Es kommt fast zu einem Streit zwischen ihnen, da Jakob ohne vorherige Absprache schon alle Weichen für ihren Wechsel gestellt hat.

Nach dem Empfang wird O'Neill von einem Reporter angesprochen, der ihm gegenüber den Begriff „StarGate" fallen lässt. O'Neill streitet ab, etwas davon zu wissen, doch muss es anscheinend irgendwo eine undichte Stelle geben. Er informiert Hammond darüber.

Daniel willigt schließlich doch ein, Sha'uri zur Erde zu bringen, doch es ist bereits zu spät. Ein Raumschiff der Goa'uld trifft auf Abydos ein, und im gleichen Moment beginnen Sha'uris Wehen. Sie kann nicht mehr durch das SternenTor gebracht werden und wird von Daniel und Teal'c versteckt. Anders als erwartet, handelt es sich jedoch nicht um das Schiff von Apophis, sondern um das von Heru'ur (siehe Folge 26 „Rückkehr des Thor"). Er ist gekommen, um Amonette in seine Gewalt zu bringen und Apophis dadurch zu schwächen.

O'Neill trifft sich noch einmal mit dem Reporter. Dieser besitzt noch weitere streng geheime Informationen, die sehr detailliert sind. Er kündigt an, einen Artikel darüber schreiben zu wollen. Als er sich von O'Neill verabschiedet, wird er von einem Wagen angefahren und getötet.

Jakob übt weiteren Druck auf Sam aus. Er gesteht ihr, dass er unheilbar an Lymphdrüsenkrebs erkrankt sei, aber hoffe, noch lange genug zu leben, um sie als Astronautin zu sehen.

Mit Daniels Hilfe bringt Sha'uri ihr Kind zur Welt. Im gleichen Moment übernimmt Amonette wieder die Kontrolle über sie. Sie verlangt das Kind, ebenso wie einer von Heru'urs Jaffa, der in diesem Moment auftaucht. Dieser erklärt, sein Herr würde Apophis' Kind als sein eigenes annehmen, dann betäubt er Amonette. Als er seinen Helm öffnet, kommt Teal'c darunter zum Vorschein. Amonette soll glauben, Heru'ur habe ihren Sohn, während sie diesem weismachen, Apophis habe das Kind bereits geholt. Stattdessen versteckt Daniel das Baby bei Kasuf.

Apophis kommt durch das SternenTor nach Abydos. Amonette berichtet vom Raub des Kindes durch Heru'ur, verrät jedoch nichts von Daniel. Er wertet es als ein Zeichen, dass Sha'uri immer noch stark in ihr ist. Zusammen mit Apophis geht sie wieder durch das Tor.

Bemerkungen:

Das Wiedersehen mit Sha'uri auf Abydos kommt für Daniel ebenso überraschend wie für den Zuschauer – zumindest wäre es so, wenn der deutsche Titel diese Überraschung nicht vorwegnehmen würde.

Leider hat Apophis wieder nur einen kurzen, unergiebigen Gastauftritt. Dennoch stellt die Episode wichtige Weichen für die Zukunft. Schon zuvor wurde angesprochen, dass sich Apophis nach seiner Niederlage im Kampf um die Erde nun auch Übergriffen anderer Goa'uld erwehren muss. Hier findet dies seine Bestätigung. Heru'ur, einer der mächtigsten Systemlords, hat ihm offen den Krieg erklärt und versucht, seine Gefährtin und seinen

Sohn in seine Gewalt zu bringen. Nur durch ein geschicktes Intrigenspiel können Daniel und Teal'c dies verhindern.

Daniel weiß, dass er zur Zeit keine Möglichkeit hat, Sha'uri von ihrem Goa'uld zu befreien. Auf der Erde würde sie vom Militär und Geheimdienst gequält, weshalb er schweren Herzens darauf verzichtet, sie mitzunehmen, und sie stattdessen mit Apophis ziehen lässt, nachdem er sie glauben gemacht hat, Heru'ur habe ihren Sohn.

Sehr fragwürdig ist allerdings, warum er das Kind in Kasufs Obhut lässt. Zwar ist dieser der Großvater des Jungen, doch wäre es auf der Erde sehr viel sicherer. Auch hätte es vom Geheimdienst nichts zu befürchten, da es keinen Goa'uld in sich trägt. Sollten Amonette und Apophis die Intrige irgendwann durchschauen, werden sie sicherlich alles tun, um das Kind zurückzubekommen, und Kasuf besitzt sicherlich nicht die Möglichkeiten, es zu schützen. Ohne hier zuviel verraten zu wollen, sei erwähnt, dass genau dies in der dritten Staffel passiert. Daniel dürfte sich in Zukunft noch mehr als einmal über seine Leichtfertigkeit ärgern, wenn er von der wahren Bedeutung des Jungen erfährt.

Auch ist es äußerst verwunderlich, dass Daniel und Teal'c zusammen mit O'Neill und Carter, die mittlerweile ebenfalls auf Abydos eingetroffen sind, wiederum darauf verzichtet, Apophis zu töten, als sich ihnen die Gelegenheit dazu bietet. Zwar wird er bei seiner Ankunft von sieben Jaffa begleitet, doch hätte das Team eine gute Chance gehabt, diese in einem Überraschungsangriff zu überwältigen. Die Parallelhandlung um den Reporter endet leider sehr abrupt, ohne dass man erfährt, woher er seine Informationen bekommen hat. Als er angefahren wird, handelt es sich nicht um einen Unfall, sondern um Mord. Es bleibt nur zu hoffen, dass dieser Handlungsfaden irgendwann noch einmal aufgegriffen wird.

Jakob Carter mit seinem Krebsleiden wird schon ab der übernächsten Folge eine große Bedeutung innerhalb der Serie zukommen.

Wie schon eingangs erwähnt, findet die Sorglosigkeit bei der Festlegung der deutschen Titel und die unterschiedlichen Schreibweisen von Namen hier ihren vorläufigen Höhepunkt. Der Titel nimmt nicht nur die größte Überraschung der Episode vorweg, aus Sha'uri, wie der Name von Daniels Frau im Kinofilm geschrieben wurde, wird nun kurzerhand Sha'Re. In diesem Episodenführer wird jedoch die ursprüngliche Schreibweise beibehalten.

Folge 30: INSEKTEN DES TODES
OT: BANE

Drehbuch: Robert C. Cooper
Regie: David Warry-Smith

Gaststars:
Dr. Frasier – Teryl Rothery
Colonel Mayborne – Tom McBeath
Dr. Timothy Harlow – Scott Hylands
Ally – Colleen Rennison

Inhalt:

Bei einer Mission nach BP63Q1 stößt SG-1 auf eine moderne, fast futuristische Stadt. Von den Einwohnern jedoch fehlt jede Spur. Plötzlich wird Teal'c von einem fast kopfgroßen geflügelten Insekt angegriffen. Tausende gleichartiger Insekten tauchen hinter den Häusern auf, und das Team schafft es gerade noch rechtzeitig, durch das SternenTor zurück zur Erde zu fliehen.

Der Stich des Insekts bleibt bei Teal'c nicht ohne Folgen. Bei einer Untersuchung findet Dr. Frasier eine besorgniserregend hohe Menge fremder DNS in seinem Blut. Nach knapp einer Stunde besteht dieselbe Probe sogar nur noch aus der fremden DNS. Auf Anraten von Carter wird Dr. Harlow hinzugezogen, einer der angeblich besten Genetiker der Welt. Dieser informiert Colonel Mayborne über den Fall, der Teal'c daraufhin in ein Forschungszentrum des Geheimdienstes überstellen lässt, da er hofft, der außerirdische Organismus könne die Grundlage für eine neue biologische Waffe sein. Das gesamte Team ist erschüttert, kann aber nichts gegen den offiziellen Befehl unternehmen.

Teal'c entwickelt schier übermenschliche Kräfte. Er flieht während des Transports und entfernt die Larve des Goa'uld aus seiner Bauchhöhle, was normalerweise seinen Tod bedeuten würde, ihm jetzt aber nicht mehr schadet. Der Parasit wird in die Basis gebracht und von Dr. Frasier künstlich am Leben erhalten.

Um Teal'c helfen zu können, sobald er gefunden würde, benötigen Carter und Harlow zunächst eine Probe des Insektengifts. SG-1 reist noch einmal nach BP63Q1 zurück. Es gelingt, eines der Wesen zur Basis zu bringen. Außerdem findet man heraus, dass die gesamte Zivilisation des Planeten ein Opfer der Insekten wurde. Wenn sie ihr Gift in einen anderen Körper injezieren, verwandelt dieser sich, bis schließlich rund zehn neue Insekten aus ihm hervorbrechen. Nach dem Schneeballprinzip kann ihre Zahl auf diese Art ungeheuer schnell anwachsen. Wenn Teal'c nicht gefunden wird, bevor seine Metamorphose vollendet ist, droht der Erde das gleiche Schicksal wie BP63Q1.

Teal'c hat sich inzwischen in einem Abbruchhaus verborgen, wo er von Ally, einer jugendlichen Herumtreiberin, gefunden wird. Gleichzeitig lässt Mayborne landesweit von der Polizei nach ihm suchen. Doch es gibt auch gute Nachrichten. So hat der Präsident Maybornes Befehle außer Kraft gesetzt; wenn Teal'c gefunden würde, solle er wieder dem SG-Programm überstellt werden. Außerdem haben Carter, Dr. Frasier und Harlow gemeinsam ein Heilmittel gefunden, das allerdings nur in Verbindung mit Teal'cs Goa'uld-Larve Aussicht auf Erfolg verspricht. Diese aber liegt ohne die Verbindung mit dem Jaffa bereits im Sterben. Mit leichten elektrischen Impulsen kann Dr. Frasier das Leben des Goa'uld jedoch verlängern.

Ally entdeckt, dass Teal'c sich in eine Art Kokon einzuspinnen beginnt. Sie nimmt Kontakt mit O'Neill auf und erzählt ihm, wo er Teal'c finden kann. Der Jaffa wird zur Basis zurückgebracht, wo seine Verwandlung mit Hilfe seines Parasiten und des Heilmittels rückgängig gemacht werden kann.

Mayborne befiehlt das gefangene Insekt und alle gewonnenen Forschungsergebnisse an seine Dienststelle auszuhändigen. Doch Dr. Harlow lässt das Insekt einem „bedauerlichen Laborunfall“ zum Opfer fallen.

Bemerkungen:

So schwer es auch fällt, dies einzugestehen, aber mehr und mehr bewahrheitet sich Senator Kinseys Einschätzung, dass sich das SG-Projekt immer mehr zu einer Bedrohung für die Erde entwickelt. In dieser Folge befindet sich die Erde bereits zum vierten Mal innerhalb einer Staffel am Rande einer globalen Katastrophe, die nur mit knapper Not abgewendet werden kann.

Erneut steht ein medizinisches Problem im Vordergrund, für das innerhalb einer begrenzten Zeit ein Heilmittel gefunden werden muss. Natürlich steht außer Frage, dass dies gelingt.

Für etwas Abwechslung und Spannung sorgt in erster Linie Colonel Mayborne, der sich – abgesehen von den Goa'uld – zum absoluten Fiesling der Serie entwickelt. Dabei agiert er allerdings auch diesmal wieder so übertrieben, dass er wie eine Parodie seiner selbst erscheint und man ihn beim besten Willen nicht ernst nehmen kann.

Als Mayborne Teal'c aus der Basis bringen lässt, bittet O'Neill Hammond um Erlaubnis, den Colonel „zu Brei schlagen zu dürfen“. Später ändert er seine Meinung und möchte ihn lieber gleich erschießen.

Auch Ally scheint trotz ihrer Jugend eine ganz ausgezeichnete Menschenkenntnis zu besitzen. Als Mayborne versucht, ihr Vertrauen zu erringen, und sie nach Teal'c befragt, erklärt sie, dass sie, selbst wenn sie Teal'c getroffen hätte, Mayborne dies nicht erzählen würde. Ihre Begründung: „Weil ich rieche, dass du 'ne Mistratte bist!" Dem ist nichts hinzuzufügen.

Folge 31: DIE TOK'RA, TEIL 1
OT: TOK'RA

Drehbuch: Jonathan Glassner
Regie: Brad Turner

Gaststars:
Jakob Carter – Carmen Argenziano
Garshaw von Belote – Sarah Douglas
Matuuf – J.R. Bourne
Cordesh – Winston Rekert

Inhalt:
Sam Carter träumt von einem Erlebnis, das Jolinar – der Goa'uld, mit dem sie die Verschmelzung einging – einst gehabt haben muss. Auf der Flucht vor den Goa'uld hatte Jolinar in die Steuerkonsole eines SternenTors Koordinaten eingegeben, an die sich Sam nun erinnert.

In der Hoffnung, auf diesem Weg Kontakt mit der Tok'ra aufnehmen zu können, wird SG-1 zu diesen Koordinaten geschickt. Dort angekommen, werden sie von Fremden überwältigt. Sam spürt, dass es sich um Goa'uld handelt. Als sie diese Erkenntnis laut ausspricht, entgegnet einer der Fremden zornig, man solle sie nicht so nennen, da sie keine Goa'uld seien. Gleichzeitig glühen seine Augen auf. SG-1 hat die Tok'ra gefunden. Sam spricht einen von ihnen mit dem Namen Matuuf an und erklärt ihm, dass sie ihn kenne, da sie für kurze Zeit Wirt von Jolinar gewesen sei.

Über ein Ring-Transportsystem wird das Team in einen unterirdischen Stützpunkt versetzt. Die Tok'ra besitzen die Technologie, aus bestimmten Kristallen, die sie zuvor in den Boden pflanzen, in rasender Geschwindigkeit Tunnel und Räume entstehen zu lassen. Garshaw von Belote, die Anführerin der Tok'ra und laut Teal'c meistgesuchte Goa'uld aller Zeiten, begrüßt die Menschen. Sie freut sich, denen zu begegnen, die die Galaxis vom obersten Systemlord Ra befreit haben. Sam berichtet, wie sie zum Wirt Jolinars wurde und es zu seinem Tod kam. Garshaw ist entsetzt über Jolinars Verhalten. Sie bestätigt, dass die Tok'ra nur mit Freiwilligen verschmelzen, die dadurch Gesundheit, ein wesentlich längeres Leben und das gesamte Wissen des Symbionten erlangen. Um das zu belegen, stellt sie ihnen Selmak vor, einen der ältesten und weisesten Tok'ra. Obwohl seine Wirtin im Sterben liegt, würde er niemals einen neuen Wirt mit Gewalt in Besitz nehmen.

Garshaw beschließt, den Rat der Tok'ra einzuberufen, um über das Angebot zu beraten, eine Allianz mit der Erde einzugehen. Matuuf bittet Sam, mit ihm einen Spaziergang zu unternehmen. Dabei erzählt er ihr, dass Jolinar weiblich gewesen sei. Genau genommen seien die Goa'uld geschlechtslos, doch Jolinar habe normalerweise weibliche Wirte gewählt. Sie und Matuuf bzw. sein Symbiont Lantasch seien ein Liebespaar gewesen. Auch Sam fühlt sich zu Matuuf hingezogen, ist sich aber nicht sicher, ob es sich um ihre eigenen Gefühle oder Erinnerungen von Jolinar handelt.

Auf dem Weg zur Versammlung des Hohen Rates beobachtet O'Neill, wie Cordesh, einer der Tok'ra, als er sich unbeobachtet wähnt, eine Schatulle öffnet. Er entnimmt ihr eine Kommunikationskugel, wie sie die Goa'uld benutzen, um über weite Entfernungen miteinander zu kommunizieren.

Auf der Erde erhält Hammond einen Anruf von Sams Vater. Dessen Krebsleiden hat sich dramatisch verschlechtert. Die Ärzte geben ihm höchstens noch ein paar Tage. Entgegen Jakob Carters ausdrücklicher Bitte schickt Hammond Sam SG-3 unter der Leitung von Colonel Makepeace hinterher, um sie über den Gesundheitszustand ihres Vaters zu informieren und sie zur Erde zurück zu holen. Das Auftauchen von SG-3 verstärkt das ohnehin vorhandene Misstrauen der Tok'ra gegen die Menschen noch. Sie entschließen sich, das Angebot einer Allianz nicht anzunehmen, da sie es als zu gefährlich erachten und die Menschen ihnen praktisch nichts anzubieten haben. Sie beschließen die beiden Teams nicht zur Erde zurückkehren zu lassen, da diese bereits zuviel über sie wissen.

Bemerkungen:

Nachdem die Tok'ra bereits mit Beginn der Staffel in die Handlung eingeführt wurden, konnte es nicht mehr lange auf sich warten lassen, bis SG-1 direkten Kontakt mit dieser Widerstandsbewegung innerhalb des Volkes der Goa'uld bekommt. Wie Daniel erklärt, bedeutet der Name übersetzt „Gegen Ra", was sich auf den mittlerweile toten Sonnengott bezieht.

Mittlerweile zeichnet sich innerhalb der Serie ein roter Faden ab: Trotz einer Reihe völlig in sich abgeschlossener Einzelepisoden gehen viele Folgen immer mehr ineinander über oder beziehen sich aufeinander.

Da es sich um die erste Hälfte eines Zweiteilers handelt, bei der sämtliche Handlungsfäden noch offen sind, folgt eine genauere Besprechung der beiden Episoden beim zweiten Teil.

Die Schauspielerin Sarah Douglas galt eine Zeitlang als aufstrebender Star. Sie spielte unter anderem in der Serie „Falcon Crest" und in den ersten beiden „Superman"-Filmen. Seither ist es jedoch ziemlich ruhig um sie geworden.

Folge 32: DIE TOK'RA, TEIL 2
OT: TOK'RA (PART 2)

Drehbuch: Jonathan Glassner
Regie: Brad Turner

Gaststars:
Jakob Carter – Carmen Argenziano
Garshaw von Belote – Sarah Douglas
Matuuf – J.R. Bourne
Cordesh – Winston Rekert

Inhalt:

Noch einmal versucht SG-1, die Tok'ra zu überzeugen, eine Allianz mit der Erde einzugehen. Abermals lehnt Garshaw dies ab. Sie erklärt, dass sie besonders damit Probleme habe, dass niemand bereit sei, freiwillig zu einem Wirt zu werden. Offenbar würden sich die Menschen vor den Tok'ra ekeln, demzufolge könne keine Freundschaft entstehen.

O'Neill denkt über einen gewaltsamen Ausbruch nach, muss aber rasch erkennen, wie sinnlos ein entsprechender Versuch wäre.

Da kommt Sam eine Idee. Die Tok'ra benötigen dringend einen Wirt für Selmak. Gleichzeitig liegt ihr Vater im Sterben, obwohl ein Symbiont Krebs heilen könnte. Jakob hat nichts mehr zu verlieren, und Sam ist überzeugt davon, dass er es als eine große Ehre betrachten würde, als Botschafter der Erde bei den Tok'ra leben zu können. Sie bittet darum, zur Erde reisen zu dürfen, um mit ihrem Vater zu sprechen. Die Tok'ra lassen sie und O'Neill durch das SternenTor gehen. Hammond hat einige Einwände, zumal Jakob Carter Geheimnisträger ist. Sam kann ihn jedoch überzeugen und wird zu ihrem Vater gebracht. Sie berichtet ihm, welcher Aufgabe sie wirklich nachgeht, erzählt von dem SternenTor und den Tok'ra.

Den Tok'ra wird gemeldet, dass die Systemlords der Goa'uld von ihrem Versteck erfahren und bereits zwei Mutterschiffe losgeschickt hätten, die binnen weniger Stunden eintreffen würden. Sofort wird mit der Evakuierung des Stützpunktes begonnen.

Obwohl Jakob Carter Bedenken hat, ist er bereit, mit Sam und O'Neill durch das SternenTor zu gehen. Sie platzen genau in die Vorbereitungen zur Evakuierung der Tok'ra, bei denen auch die restlichen Mitglieder von SG-1 und SG-3 helfen. Jakob wird zu Selmak gebracht und unterhält sich eine Weile mit ihr. Die beiden verstehen sich auf Anhieb, und Selmak kann Jakobs Bedenken zerstreuen. Er ist bereit, ihr neuer Wirt zu werden, und auch Selmak ist damit einverstanden.

Als sie über die Frage rätseln, wie die Systemlords das Versteck finden konnten, erinnert sich O'Neill daran, dass er Cordesh mit einer Kommunikationskugel in der Hand überrascht hatte. Er erzählt Garshaw davon.

Sie stellen Kordesh in einem Tunnel, der durch die Aufgabe des Stützpunktes bereits in Auflösung befindlich ist. Er behauptet, er sei nicht wirklich Cordesh, sondern dieser sei längst tot. Bevor er weitersprechen kann, wird er ebenfalls von der Auflösung erfasst.

Die Verschmelzung zwischen Selmak und Jakob findet statt. Während eines Kusses dringt der Symbiont in ihn ein. Jakob ist danach noch sehr geschwächt und muss ruhig liegenbleiben. Doch die Zeit wird durch den bevorstehenden Angriff knapp.

O'Neill entdeckt, dass eine junge Frau den Kasten mit der Kommunikationskugel bei sich trägt. Der Cordesh, der in dem Tunnel starb, war nur der Wirt. Der Symbiont in ihm war bereits in den Körper der Frau gewechselt. Die Wirtin wird von ihm befreit.

Todesgleiter der Goa'uld greifen das Versteck an. Sam und Matuuf bleiben bei dem bewusstlosen Jakob/Selmak zurück, während O'Neill und Daniel zusammen mit Garshaw durch das SternenTor zur Erde fliehen.

Selmak erholt sich. Durch das Ring-Transportsystem verlassen sie den sich auflösenden Stützpunkt und gelangen durch das SternenTor ebenfalls zur Erde. Jakob berichtet, dass er froh sei, die Verschmelzung eingegangen zu sein. Die Tok'ra reisen zu ihrem neuen Versteck, nachdem sie ein Kästchen mit einer speziellen Signatur erhalten haben, das sie durch das Tor schicken sollen, wenn sie mit der Erde Kontakt aufnehmen wollen.

Bemerkungen:

Obwohl Mehrteiler eine herausragende Rolle einnehmen, handelt es sich hier nicht unbedingt um ein Highlight der Serie. Dafür kommt die Geschichte zu langsam in Gang, und es passiert zu wenig.

Immerhin stellt der Zweiteiler wichtige Weichen für die Zukunft. Mit den Tok'ra konnten die Menschen nach den Asgard einen weiteren wichtigen Verbündeten für sich gewinnen. Dabei dürften die Tok'ra aufgrund des Umstandes, dass Jakob Carter nun einer von ihnen ist, wesentlich verlässlicher sein. Andererseits kann die Erde wohl kaum auf militärische Unterstützung durch sie hoffen. Die Tok'ra führen keinen offenen Krieg, sondern arbeiten im Untergrund; ihre Waffe ist in erster Linie die Infiltration. Insofern werden sie dem SG-Projekt hauptsächlich durch Informationen helfen können.

In den beiden Episoden wird erneut Kritik an der Überheblichkeit der Menschen geübt, die sich für den Nabel des Universums zu halten scheinen. Ähnlich wie schon die Tollaner (siehe Folge 15 „Enigma“) lehnen die Tok’ra es zunächst ab, sich mit den Menschen zu verbünden, weil diese ihnen von ihrer Technologie her nichts zu bieten haben.

Die Allianz kommt schließlich in erster Linie dadurch zustande, dass Jakob Carter einwilligt, sich Selmak als Wirt zur Verfügung zu stellen – und er dürfte nicht der einzige bleiben. Wie SG-1 erklärt, gibt es auf der Erde zahlreiche Menschen, die sich in einer ähnlichen Situation wie er befinden. Todkranke, die durch die Verschmelzung mit einem Tok’ra geheilt werden könnten. Wirte sind das einzige, was die Tok’ra von den Menschen benötigen.

Folge 33: DAS ZWEITE TOR
OT: TOUCHSTONE

Drehbuch: Sam Egan
Regie: Brad Turner

Gaststars:
Colonel Mayborne – Tom McBeath
Roham – Matthew Walker
Whitlow – Jerry Wasserman
La Moor – Tiffany Knight

Inhalt:
Auf dem Planeten PX7941, von den Einwohnern Madrona genannt, entdeckt SG-1 eine Maschine, mit der das Wetter reguliert werden kann. Eine solche Technologie besitzen nicht einmal die Goa'uld. Der Planet wurde vor Jahrhunderten von einer unbekannten außerirdischen Rasse terraformiert, und dieses Gerät, das von den Madronanern „Kraftstein" genannt wird, blieb dabei zurück.

Um die Wirkungsweise des Geräts noch einmal genauer zu studieren, reist SG-1 fünf Wochen später noch einmal nach Madrona. Dort tobt ein fürchterliches Unwetter. Obwohl sie sich freundschaftlich von den Einwohnern getrennt haben, werden die Menschen nun mit Zorn empfangen. Man wirft ihnen vor, sie hätten den Kraftstein geraubt. Fremde, die wie sie gekleidet und bewaffnet gewesen seien, seien durch das SternenTor gekommen, hätten den Kraftstein an sich gebracht und seien damit auf gleichem Weg wieder verschwunden. Nun drohe dem Planet eine Klimakatastrophe.

O'Neill beteuert, dass man am Raub des Gerätes unschuldig sei. Er will die wahren Schuldigen finden und den Kraftstein zurückbringen. Die Einwohner bleiben misstrauisch, haben jedoch keine andere Wahl, als das Angebot anzunehmen.

Der Verdacht liegt nahe, dass ein anderes SG-Team für den Diebstahl verantwortlich ist. Hammond bestreitet diesen Vorwurf, erteilt Carter jedoch die Erlaubnis, den Computer zu überprüfen, ob außer SG-1 jemand durch das SternenTor nach Madrona gereist sei.

Fernsehmeldungen über klimatische Phänomene in verschiedenen amerikanischen Städten erregen die Aufmerksamkeit von SG-1. Carter entdeckt außerdem eine Fehlschaltung des SternenTors, als SG-2 vor zwei Tagen von einer Mission zurückkehrte, etwa zu der Zeit, als der Kraftstein geraubt wurde. Das Tor wurde beinahe überlastet. Beim letzten Mal, als dies geschah, war der Transport zum zweiten irdischen SternenTor in der Antarktis umgeleitet worden (siehe Folge 17 „Im ewigen Eis"). Jemand ist offenbar zum gleichen Zeitpunkt, in dem SG-2 zurückkehrte, durch das zweite Tor gegangen. Eine genauere Überprüfung der Aufzeichnungen im Computer bestätigt dies.

Es gelingt Hammond nicht, den Präsidenten zu erreichen. Deswegen misstrauisch geworden erzählt er O'Neill, dass verschiedene Politiker, deren Namen er allerdings nicht kenne, von Anfang an gefordert hätten, ohne Rücksicht auf interstellare Diplomatie jeden irgendwie nützlich erscheinenden Fund zur Erde zu bringen.

Messungen zeigen, dass die Wettermanipulationen vermutlich von der Wüste in Nevada ausgehen. Dorthin war das zweite Tor gebracht worden. Hammond berichtet, dass Colonel Mayborne sich kürzlich nach Nevada hat versetzen lassen. Dort würde in Area 51, einem geheimen Militärstützpunkt, alles untersucht, was die SG-Teams von anderen Welten mitbrächten.

Unter einem Vorwand schickt Hammond SG-1 nach Area 51. Mayborne bestreitet, dass er etwas mit dem Diebstahl des Kraftsteins zu tun habe. Carter untersucht das zweite SternenTor, das in einer gewaltigen Kiste verstaut liegt und angeblich nicht ausgepackt worden ist, seit es nach Area 51 gebracht wurde. Carter entdeckt jedoch, dass es sich um eine Imitation aus Kunststoff handelt. Selbst Mayborne zeigt sich davon überrascht. Dennoch lässt er SG-1 aus dem Stützpunkt werfen.

Sam schlägt vor, nach Madrona zu reisen. Anschließend soll das SternenTor in der Basis gezielt überlastet werden. Würde dann eine Sonde zurückgeschickt, würde diese durch das zweite Tor herauskommen, dessen Standort man auf diese Art anpeilen könne.

O'Neill und Daniel machen sich auf den Weg. Sie kommen auf Madrona direkt in einem Schneesturm heraus. Die Lage auf dem Planeten wird immer verzweifelter. Sie schicken die Sonde zur Erde zurück, die wie geplant im zweiten SternenTor herauskommt. Bevor ihre Position jedoch angepeilt werden kann, wird sie durch Schüsse zerstört. Immerhin konnte Carter feststellen, dass sich das Tor irgendwo im Süden Utahs befindet.

Hammond trifft sich mit einem geheimnisvollen Informanten namens Whitlow, der ihm einen Gefallen schuldet, und erfährt die Lage eines geheimen militärischen Stützpunktes im südlichen Utah. SG-1 dringt in den Stützpunkt ein und entdeckt dort das zweite SternenTor, das gerade eingepackt wird und in ein Transportflugzeug verladen werden soll. Auch der Kraftstein fällt SG-1 in die Hände und wird nach Madrona zurückgebracht, wodurch die dort drohende Klimakatastrophe abgewendet werden kann.

Hammond erklärt, dass das zweite Tor durch eine Stahlplatte verschweißt und von nun an rund um die Uhr von einem SG-Team bewacht werde. Mayborne kommentiert dies mit den Worten, dass sich Dinge ständig ändern würden.

Bemerkungen:

Obwohl der Diebstahl eines außerirdischen Artefakts den Aufhänger der Episode bildet, spielt sie fast nur auf der Erde und beleuchtet etwas die politischen Intrigen, die zwischen Politik, Militär und Geheimdienst um das SG-Projekt entbrannt sind. Durch die Verschwörung mysteriöser Drahtzieher wird eine Form der Paranoia ähnlich der in der Serie „Akte X" (The X-Files) aufgebaut. Auch Whitlow, Hammonds geheimnisvoller Informant, passt in dieses Bild, erinnert er doch an Figuren wie „Deep Throat" oder den „Cigarette smoking man" aus „Akte X". Man kann gespannt sein, was sich auf dieser Handlungsschiene noch entwickelt, die sich möglicherweise als gefährlicher für das SG-Projekt erweisen könnte, als alle Aktivitäten der Goa'uld.

Ein besonderes Schmankerl bietet das kurze Gastspiel in Area 51. Seit Jahren schon ranken sich zahlreiche Legenden um dieses militärische Testgelände, dessen Existenz von der amerikanischen Regierung beharrlich geleugnet wird. In der Nacht zum 2. Juli 1947 stürzte ein Flugobjekt in New Mexiko ab, bei dem es sich nach Aussagen von offizieller Seite um einen Wetterballon, nach Ansicht von Ufologen hingegen um ein Raumschiff gehandelt haben soll, das nach Area 51 gebracht wurde. Seither wird der Stützpunkt in bestimmten Kreisen als eine Art UFO-Forschungszentrum betrachtet. Diese Gerüchte griff auch Roland Emmerich in „Independence Day" auf, wo sie sich als allzu wahr herausstellten.

Spätestens seit den Vorfällen in Folge 30 „Insekten des Todes" mag verständlicherweise auch Teal'c Colonel Mayborne nicht besonders, was er gar nicht erst zu verbergen versucht: „In meiner Kultur wäre es eine ehrenvolle Aufgabe, dich zu eliminieren.“

Folge 34: GEISTER
OT: SPIRITS

Drehbuch: Tor Alexander Valenza
Regie: Martin Wood

Gaststars:
Tonané – Rodney A. Grant
Xe'ls – Alex Zahara
T'akaya– Christina Cox
Dr. Warner – Kevin McNulty

Inhalt:
SG-11 unter dem Kommando von Captain Connor hat von einer Mission nach PXY887, einem offenbar unbewohnten Planeten, Trinium mitgebracht, ein auf der Erde unbekanntes Material mit herausragenden Eigenschaften. Hammond hat SG-11 beauftragt, weitere Proben davon zu holen. Doch nun ist das Team seit achtundvierzig Stunden überfällig. Das SternenTor wird von außen aktiviert und der Erkennungscode von SG-11 gesendet, doch anstelle des Teams kommt ein Trinium-Pfeil aus dem Energiefeld geschossen, der O'Neill verwundet.

Die anderen drei Mitglieder von SG-1 werden nach PXY887 geschickt; es ist Sam Carters erstes Kommando. Sie sollen SG-11 finden und nach Möglichkeit mit eventuell doch dort lebenden Einwohnern Schürfrechte für das Trinium vereinbaren. Kurz nach ihrer Ankunft werden sie von Betäubungspfeilen getroffen. Sie erwachen bei den Nachfahren nordamerikanischer Indianer, die einst von den Goa'uld hierher verschleppt wurden. Ihrer Legende zufolge wurden die Goa'uld später von Xe'ls, einem ihrer Stammesgötter, vertrieben. Auf die Frage nach dem Verbleib der Mitglieder von SG-11, behauptet Häuptling Tonané, diese befänden sich bei den Geistern.

Tonané erklärt sich bereit, sie zu den Geistern zu führen. Diese besitzen die Gestalt von Tieren: Xe'ls entpuppt sich als Rabe, ein anderer Geist als Wolf. Die „Geister“ lassen Connor und die anderen Mitglieder von SG-11 frei, doch keiner von ihnen kann sich erinnern, wo sie die letzten Tage verbracht haben.

Sam verhandelt mit den Indianern über den Abbau von Trinium, doch der Ältestenrat entscheidet sich wegen der gewaltsamen Schürfmethoden gegen eine Genehmigung. Sam erklärt, man besäße auch alternative Methoden. Tonané reist mit den beiden Teams zusammen zur Erde, doch auch andere Methoden sagen ihm nicht zu, da sie gegen die Gesetze der Natur verstießen.

In Abwesenheit von Tonané teilt Hammond mit, dass er angewiesen worden sei, das Trinium auf alle Fälle zu besorgen. Ein anderes SG-Team reise nach PXY887, sobald sich die Indianer in ihr etwas abseits gelegenes Winterlager zurückgezogen hätten, um heimlich das Erz abzubauen. O'Neill und die anderen von SG-1 sind empört. Connor sucht Hammond in dessen Büro auf. Mit einer Geste lässt er den General in einem Energieblitz verschwinden und erklärt den anderen seines Teams, es sei an der Zeit, den Erdlingen überirdische Macht zu zeigen, da sie wie befürchtet vorhätten, Tonané zu täuschen. Auch die Wissenschaftler, die sich mit der Erforschung des Triniums beschäftigen, verschwinden. Doch einer von ihnen kann vorher noch Alarm auslösen.

Teal'c verletzt einen der Eindringlinge, der daraufhin sein wahres Aussehen annimmt: Es handelt sich um Xe'ls, der sich als ein menschenähnlicher Außerirdischer entpuppt, der jede beliebige Gestalt annehmen kann. Die Außerirdischen leben mit den Indianern in Eintracht und wollen sie beschützen. Aus diesem Grund haben sie das Aussehen der von diesen verehrten Naturgeister angenommen. Aufgrund der von Hammond geplanten Täuschung beabsichtigen sie, die Basis zu zerstören.

O'Neill und Daniel gelingt es, mit den Außerirdischen zu verhandeln. Sie schlagen ihnen vor, das SternenTor zu versiegeln, um sicher zu gehen, dass niemand versuche, das Trinium zu stehlen. Die Außerirdischen gehen auf den Vorschlag ein, lassen die von ihnen entführten Menschen frei und kehren durch das SternenTor nach PXY887 zurück.

Bemerkungen:

In gewisser Weise ist diese Episode ein Rückfall in die Zeit am Anfang der Serie. Dort handelten einige Folgen von den Abkömmlingen verschiedener ehemaliger Zivilisationen der Erde, die von den Goa'uld verschleppt worden waren. Diesmal sind die Indianer an der Reihe. Sie und ihr Glaube an Naturgeister werden von den Mitarbeitern des SG-Programms zunächst nicht allzu ernst genommen. Der Erhalt von Trinium, aus dem man Waffen gegen die Goa'uld herstellen kann, genießt Vorrang. Deshalb sollen den Indianern bzw. ihren Nachkommen wie schon bei der Eroberung Nordamerikas durch die Europäer erneut ihre Rechte vorenthalten werden.

Dann aber zeigt sich, dass die vermeintlichen „Geister" höchst real sind. Es sind Außerirdische, die schon vor der Deportation der Indianer durch die Goa'uld auf dem Planeten lebten. Sie können ihre Gestalt beliebig verändern und haben auf diese Art schon die Goa'uld vertrieben. Seither wachen sie über die Indianer und wollen sie vor Schaden bewahren.

Teal'c vergleicht sie Tonané gegenüber mit den Goa'uld, weil auch sie falsche Götter seien. Tonané jedoch erwidert, dies stimme nicht. Anders als die Goa'uld versuchten ihre

Geister nicht, sie zu unterdrücken, sondern halfen ihnen uneigennützig.

Bedauerlicherweise erfährt man fast nichts über das außerirdische Volk. Aber was nicht ist, kann in späteren Folgen ja noch werden.

Folge 35: DAS SCHWARZE LOCH
OT: A MATTER OF TIME

Drehbuch: Brad Wright
Regie: Martin Wood

Gaststars:
Colonel Frank Cromwell – Marshall Teague
Dr. Frasier – Teryl Rothery
Lieutenant Graham Simmons – Tobias Mehler
Major David – Colin Cunningham

Inhalt:
Das SternenTor wird von außen aktiviert. Um ein vielfaches verlangsamt wird der Erkennungscode von SG-10 gesendet, woraufhin Hammond die Iris öffnen lässt. SG-10 kommt jedoch nicht, stattdessen erlischt das Transportfeld wieder. Eine Sonde wird nach P3W451 geschickt, wo SG-10 eine Routinemission durchführte. Sie überträgt unglaublich verlangsamt Einzelbilder der Mitglieder von SG-10, die vor dem SternenTor stehen.

Ganz in der Nähe des Planeten hat sich ein Schwarzes Loch gebildet, dessen Anziehungskraft so hoch ist, dass in seiner Umgebung sogar die Zeit verlangsamt wird. Es erweist sich als unmöglich, das SternenTor wieder zu deaktivieren, da die Zeit auf P3W451 fast zum Stillstand gekommen ist. Selbst als der Strom abgeschaltet wird, bleibt es aktiv. Carter bemerkt, dass die Schwerkraft des Schwarzen Lochs Gegenstände in Richtung des Tores zieht, und lässt die Iris schließen.

Die Zeitverlangsamung hat bereits auf die Basis übergegriffen. Dies bemerkt allerdings niemand, der sich dort aufhält. Lediglich die Wachen am Ausgang stellen fest, dass

Befehle aus dem unterirdischen Komplex nur noch in Zeitlupe kommen. Dann bricht der Kontakt ganz ab. Sonderkommandos dringen in die Basis ein, da man glaubt, diese sei von Außerirdischen erobert worden. Die Teams verlieren jedoch ebenfalls den Kontakt zur Außenwelt, sobald sie in den Einflussbereich der Zeitverlangsamung geraten, die immer stärker wird.

Die Basis wird evakuiert, die Selbstzerstörungsanlage soll aktiviert werden, um das SternenTor zu zerstören. Dann kommt Carter jedoch eine Idee. Sie will eine gezielte Energieentladung im Inneren des Wurmlochs herbeiführen – dem „Schlauch", der die beiden Tore miteinander verbindet – damit das Wurmloch auf ein anderes Tor überspringt.

Der Plan gelingt, die Verbindung zwischen der Erde und P3W451 wird gekappt. Die Gefahr ist beseitigt. Lediglich für SG-10 gibt es keine Rettung mehr.

Bemerkungen:

Wieder einmal droht in dieser Folge aufgrund des SG-Projekts die Vernichtung der Erde. Angesichts dieser Häufung von Gefahren einer globalen Vernichtung innerhalb des Zeitrahmens dieser Staffel sollten die Verantwortlichen vielleicht doch ernsthaft darüber nachdenken, das Programm zu beenden. Es zeugt nicht gerade von Phantasiereichtum, wenn die Drehbuchautoren immer wieder darauf zurückgreifen. Auch dann nicht, wenn die Natur der jeweiligen Gefahr jedesmal eine ganz andere ist.

Die Episode beruht auf der Zeitdilatation, einem mit der Relativitätstheorie verknüpften sehr komplizierten wissenschaftlichen Phänomen.

Folge 36: DIE FÜNFTE SPEZIES
OT: THE FIFTH RACE

Drehbuch: Robert C. Cooper
Regie: David Warry-Smith

Gaststars:
Dr. Frasier – Teryl Rothery
Lieutenant Graham Simmons – Tobias Mehler
Sergeant Siler – Dan Shea
Experte – David Adams

Inhalt:

Auf dem Planeten P3R272 werden Inschriften gefunden, die einer der vier Schriftarten gleichen, die in dem Versammlungsraum der Außerirdischen auf dem Planeten gefunden wurden, auf dem Ernest Littlefield rund fünfzig Jahre lang festsaß. Das Volk, von dem sie stammen, muss also mit den Asgard verbündet sein, von denen ebenfalls Schriftzeichen dort gefunden wurden.

Als O'Neill sich einem plötzlich auftauchenden Wand-Ornament nähert, schießt es hervor und packt seinen Kopf. Er sieht grelle Lichter und bricht ohnmächtig zusammen, als das Ornament ihn nach einigen Sekunden wieder loslässt.

Nach der Rückkehr zur Erde beginnt er, sich merkwürdig zu verhalten. Er wird hyperaktiv und benutzt beim Sprechen vereinzelt Wörter einer fremden, dem Lateinischen ähnlichen Sprache, ohne sich dessen bewusst zu sein. Auch kann er Aufzeichnungen der fremden Inschriften vorlesen, begreift jedoch ihren Sinn nicht. Das Leistungsvermögen seines Gehirns hat sich sprunghaft um fast das Zehnfache erhöht. Ohne etwas davon zu verstehen, programmiert er eine neue Software für den Hauptcomputer, die zahlreiche SternenTore anzeigt, auch solche, die man bislang noch gar nicht kannte. Einige sind nicht einmal in den Sternkarten der Goa'uld verzeichnet. Offenbar waren diese noch nicht auf den betreffenden Welten.

Bei dem Kontakt mit dem Ornament wurde O'Neills Kopf mit Informationen überflutet, die er noch nicht richtig ordnen kann. Er kann sich inzwischen nur noch in der fremden Sprache äußern, und es besteht sogar die Gefahr, dass er den Verstand verliert.

Aufgrund seiner Hinweise kann Daniel immerhin damit beginnen, die gefundenen Inschriften zu übersetzen. Es scheint sich um die Sprache eines Volkes namens Antiker zu handeln, das die SternenTore erbaut hat, also eine bislang unbekannte, weit überlegene Rasse. Bereits die Römer scheinen mit ihnen Kontakt gehabt zu haben, was die Ähnlichkeit der Sprachen erklärt.

Auf einem der Planeten, deren Koordinaten O'Neill in den Computer eingegeben hat, entdeckt eine Sonde weitere gleichartige Schriftzeichen. Da nur Daniel noch mit O'Neill kommunizieren kann, und er außerdem die Sprache weiter erforschen will, reisen lediglich Carter und Teal'c zusammen mit Major Castleman dorthin. Einige Zeit später senden sie eine Nachricht, dass sie von ihrer Seite aus das SternenTor nicht aktivieren können und deshalb festsitzen. Auch alle manuellen Anwählversuche scheitern. Zudem steigt die Temperatur seit dem Aufgang einer zweiten Sonne kontinuierlich an.

O'Neill konstruiert ein Gerät, dessen Funktionsweise er selbst nicht kennt. Als er von der Notlage seiner Freunde erfährt, beginnt er komplexe Pläne des Anwählgerätes zu zeichnen und wie es zu reparieren ist. Die Pläne werden zu Carter geschickt, die daraufhin die Reparatur durchführt und mit ihren Begleitern zurückkehren kann. Gefunden haben sie bei ihrer Mission jedoch nichts, was O'Neill helfen kann.

Als man versucht, eine Sonde zu einem weiteren von ihm angegebenen Ziel zu schicken, stürzt der Computer ab, und das SternenTor verbraucht mit einem Mal ungeheure Mengen an Energie. O'Neill schließt das von ihm gebaute Gerät an die Stromgeneratoren an. Es handelt sich um eine zusätzliche Energiequelle.

Unvermittelt beginnt das SternenTor ein Ziel anzuwählen. Anders als sonst sind diesmal jedoch acht Koordinaten notwendig, ehe sich das Transportfeld aufbaut. Der Computer zeigt an, dass sich das Ziel außerhalb des StarGate-Netzes befindet, sogar außerhalb der Galaxis. O'Neill besteht darauf, durch das Tor zu gehen. Widerstrebend lässt Hammond ihn ziehen. Unmittelbar, nachdem er das SternenTor passiert hat, funktioniert die von ihm entwickelte Energiequelle nicht mehr. Bei einem erneuten Anwahlversuch weigert sich der Computer, das achte Symbol zu akzeptieren.

Seine Reise führt O'Neill zu den Asgard. Sie befreien ihn von der Datenfülle in seinem Kopf, so dass er wieder zu Verstand kommt. Sie erklären, dass es ein Versehen war, dass er in den Besitz dieses Wissens gelangt sei. Die Menschen seien noch nicht weit genug entwickelt, um diese Technologie begreifen zu können. Allerdings gestehen die Asgard ein, dass die Menschen ein großes Potential besäßen. Einst habe es eine Allianz zwischen den Asgard, den Nox, den Antikern – die tatsächlich die SternenTore erbaut haben – und einem weiteren Volk gegeben. Noch seien die Menschen nicht weit genug, doch möglicherweise könnten sie schon bald das fünfte Volk dieses Bündnisses werden.

Die Asgard schicken O'Neill zur Erde zurück, der dort berichtet, was er erfahren hat.

Bemerkungen:

Mit dieser Episode wird eindrucksvoll aufgezeigt, dass sich Spannung nicht nur mittels einer großen Bedrohung oder mit viel Action erzeugen lässt. Zwar besteht die Gefahr, dass O'Neill den Verstand verliert, aber da er nun mal die Hauptperson der Serie ist, kann man von Anfang an davon ausgehen, dass dies nicht geschehen wird.

Dennoch ist die Folge keineswegs langweilig. Gespannt verfolgt der Zuschauer, wohin der Weg führen wird, der durch O'Neills neugewonnenes Wissen möglich gemacht wird. Die Faszination, endlich eine Spur zu den Erbauern der SternenTore gefunden zu haben, steht im Vordergrund. Man erfährt, dass dieses Volk Antiker heißt, doch kommt es leider zu keinem Kontakt mit ihnen. Stattdessen gelangt O'Neill auf den Heimatplaneten der Asgard – auch wenn er sich nur kurz dort aufhält.

Die Behauptung der Asgard, sie würden die Menschen schon seit langer Zeit sehr genau beobachten, und diese könnten schon bald die fünfte Spezies des Bündnisses werden, lässt viel für die Zukunft erwarten.

Endlich einmal wird in dieser Episode auch klipp und klar ausgesagt, dass sich das bekannte StarGate-Netz nur auf diese Galaxis, die Milchstraße also, beschränkt. Allerdings hält das die Drehbuch- oder zumindest die deutschen Synchronautoren auch in Zukunft nicht davon ab, in anderen Folgen wieder munter von verschiedenen Galaxien zu faseln, wenn eigentlich nur Sonnensysteme gemeint sind.

Folge 37: DER STURZ DES SONNENGOTTES
OT: SERPENT'S SONG

Drehbuch: Katharyn Powers
Regie: Peter DeLuise

Gaststars:
Apophis – Peter Williams
Dr. Frasier – Teryl Rothery
Matuuf – J.R. Bourne
Lieutenant Graham Simmons – Tobias Mehler

Inhalt:
Durch Signale, von denen man annimmt, dass sie von den Tok'ra stammen, wird SG-1 auf einen fremden Planeten gelockt. Ein Todesgleiter nähert sich, der aus dem All beschossen wird und abstürzt. An Bord befindet sich der schwer verletzte Apophis, der sie um Hilfe bittet. Weitere Todesgleiter tauchen auf. Mit knapper Not kann das Team mit dem Goa'uld durch das SternenTor entkommen.

Auf der Erde bittet Apophis um Asyl. Aufgrund seiner Verletzungen kommt er erst einmal in Dr. Frasiers Obhut. Sie stellt fest, dass nicht nur der Wirt verwundet ist, sondern auch der Parasit, weil dieser gefoltert wurde. Dabei wurde ein gleichartiges Gerät verwendet, wie es auch der Killer benutzt hat, der Jolinar tötete, als diese sich in Sams Körper befand. Ohne einen Sarkophag wird Apophis binnen weniger Stunden sterben.

Apophis bietet O'Neill sein gesamtes Wissen an, wenn dieser ihm einen neuen Wirt besorgt. O'Neill meint jedoch nur, er solle zur Hölle gehen. Daraufhin erwähnt Apophis Sokar, einen der ältesten und mächtigsten Goa'uld, aus dessen Gewalt er geflohen sei. Jetzt würde Sokar nach ihm suchen. Teal'c berichtet, Sokar sei einst der Herrscher der Systemlords gewesen, ehe einige von ihnen, darunter Ra und Apophis, sich gegen ihn erhoben. Man hielt ihn für tot, was wohl ein Irrtum gewesen sei. Auch Daniel kann Informationen über ihn beisteuern. Im alten Ägypten galt Sokar als Teufel und Gott des Todes.

Daniel spricht mit Apophis. Er erwähnt das Kind, das angeblich von Heru'ur gestohlen wurde, und erzählt, was wirklich passiert ist (siehe Folge 29 „Sha're's Rückkehr"). Er will von Apophis erfahren, wo sich Sha'uri befindet, doch seine Drohungen fruchten nichts.

Das SternenTor wird von außen angewählt. An der Iris findet man Spuren von der Signatur der Sagan-Box, des Kästchens, das man den Tok'ra beim Abschied mitgegeben hat. Als das Tor erneut angewählt wird, lässt man die Iris offen. Matuuf und zwei weitere Tok'ra treffen auf der Erde ein. Sie erklären, sie seien gekommen, um die Menschen zu warnen. Apophis müsse umgehend zurückgebracht werden, sonst würde man den Zorn von Sokar herausfordern.

Apophis weigert sich, mit den Tok'ra zu sprechen. Er zieht sich zurück. Panik zeigt sich plötzlich auf seinem Gesicht, und er beginnt mit menschlicher Stimme auf Ägyptisch zu sprechen. Es handelt sich um den Wirt, dessen Bewusstsein nach all den Jahrtausenden als Gefangener im eigenen Körper noch lebt. Er begreift nicht, was geschehen ist. Alles sei wie ein endloser Alptraum. Er sei im alten Ägypten Schreiber in einem Tempel gewesen, ehe er von Apophis als Wirt ausgewählt worden war.

Das SternenTor wird erneut von außen angewählt. Sokar hat herausgefunden, wo sich Apophis befindet. Die Projektion einer Teufelsfratze erscheint auf der Iris. Sokar erklärt, er würde die Menschen dafür vernichten, dass sie geraubt hätten, was ihm gehören würde. Gleichzeitig beginnt sich die Iris immer mehr aufzuheizen. Matuuf erklärt, so winzig der Abstand zwischen dem Schild und dem Transportfeld auch sei, er würde ausreichen, dass sich subatomare Partikel materialisieren könnten, mit denen Sokar die Iris bombardiere.

Während Apophis immer rascher zu altern beginnt, bemüht man sich, die Iris mit allen Mitteln zu kühlen, damit sie dem subatomaren Bombardement standhält. Ein SternenTor kann maximal achtunddreißig Minuten aktiviert bleiben, dann bricht die Verbindung zusammen. Um zu verhindern, dass Sokar sie erneut anwählen kann, will Daniel versuchen, selbst ein anderes Tor anzuwählen, sobald es soweit ist. Das würde ihnen zumindest eine Gnadenfrist verschaffen. Das irdische Anwahlverfahren ist jedoch zu langsam. Sokar stellt die Verbindung schneller wieder her, als sie neue Koordinaten eingeben können. Selbst wenn die Iris standhalten oder sie den Weg durch das SternenTor anderweitig blockieren könnten, würde Sokar einen anderen Weg finden. Er würde sie mit Schiffen aus dem Weltall angreifen, wenn sie Apophis auf der Erde behalten würden.

Auf Befehl des Präsidenten ist jede medizinische Hilfe für Apophis unverzüglich einzustellen, seine Leiche soll durch das SternenTor zurückgeschickt werden. Solange dieses jedoch von Sokar aktiviert gehalten wird, gibt es dazu keine Möglichkeit. Sam teilt mit, sie habe ein schnelleres Anwahlverfahren entwickelt, das vielleicht die Rettung sein könnte. Weitere achtunddreißig Minuten wird die Iris dem Angriff nicht standhalten.

Apophis stirbt, während sein Wirt noch einige Minuten lebt. Daniel vollzieht ein altägyptisches Sterberitual an ihm, damit seine Seele den Weg zu den Göttern findet.

Als das Transportfeld des SternenTors zusammenbricht, wird Sams neues Anwahlverfahren getestet. Mit diesem Programm gelingt es, schneller hinauszuwählen, als

Sokar die Verbindung wiederherstellen kann. Apophis' Leichnam wird durch das Tor geschickt. Sokar scheint zufrieden, zumal er sich mit Heru'ur bekriegt und kein Interesse an einem weiteren Kriegsschauplatz haben kann, wie Matuuf mitteilt.

Trotz seines Todes ist die Zeit des Leidens für Apophis noch nicht vorbei. Für Matuuf gibt es keinen Zweifel, dass Sokar ihn mit einem Sarkophag wieder zum Leben erwecken wird, um ihn weiter zu foltern. Zum Abschied gibt Matuuf Sam ein Gerät, wie es schon die Tollaner (siehe Folge 15 „Enigma") benutzt haben, um mit den Nox Kontakt aufzunehmen. Damit können sich nun auch die Menschen jederzeit mit den Tok'ra in Verbindung setzen. Im Gegenzug gibt O'Neill ihm einen Transmitter, mit dem die Tok'ra ebenfalls einen Erkennungscode senden können, wenn sie die Erde durch das SternenTor aufsuchen wollen.

Bemerkungen:

Die Episode enthält so ziemlich alles, was das Herz eines StarGate-Fans höher schlagen lässt und stellt neben „Die Invasion: Kampf um die Erde" das absolute Highlight der bisherigen Staffel dar. Apophis stirbt, die Tok'ra spielen wieder mit, und ein neuer Erzfeind macht erstmals auf sich aufmerksam. Was sind schon Ra, Apophis und die anderen bislang bekannten Systemlords gegen Satan höchstpersönlich?

Nach seiner verheerenden Niederlage in „Die Invasion" ist es ruhiger um Apophis geworden. Da es auch zwischen den verschiedenen Systemlords der Goa'uld Kriege gibt und er sich außerdem der Rebellion Bra-Tacs erwehren muss, konnte man vermuten, dass er damit beschäftigt war, seine Macht zu verteidigen. Ohne großen Erfolg, wie sich nun zeigt. Dennoch kommt es ziemlich überraschend, dass er bereits vom Thron gestürzt wurde und sein gesamtes Imperium verloren hat. Da er selber sich an den Menschen schon die Zähne ausgebissen hat, macht es durchaus Sinn, dass er ausgerechnet auf der Erde um Asyl bittet. Wie sich zeigt, ist Sokar jedoch noch von wesentlich größerem Kaliber als er. Erstmals gelingt es einem Goa'uld den Abwehrschild der Iris fast zu durchbrechen. Dies zeigt, über welche unglaublichen Machtmittel Sokar verfügt. Von ihm wird im weiteren Verlauf der Serie noch einiges zu sehen sein. In einem Zweiteiler in der dritten Staffel tritt er erstmals persönlich in Erscheinung.

Nacheinander suchen alle Mitglieder des Teams Apophis auf. Obwohl der mächtige Systemlord nur noch ein Häuflein Elend ist, sind der Hass, der ihm vor allem von O'Neill entgegen schlägt, wie auch Teal'cs grimmige Befriedigung über das Leid und den bevorstehenden Tod seines ehemaligen Herren, gut nachvollziehbar.

Der Gedanke, dass das Bewusstsein von Apophis' Wirt seit Jahrtausenden nur ein hilfloser Gefangener im eigenen Körper ist, lässt einen schaudern – ebenso die Vorstellung, dass man sich aufgrund der Sarkophage nicht einmal durch den Tod der Rache eines Goa'uld entziehen kann. So sehr Apophis für seine Greueltaten Strafe verdient – über die Möglichkeit, dass Sokar ihn zu seinem eigenen Vergnügen wieder und wieder auf grausamste Art zu Tode foltern und anschließend wieder zum Leben erwecken kann, denkt man besser gar nicht erst weiter nach.

Schon auf der Parallelerde (siehe Folge 18 „Die Invasion, Teil 1") hat Sam ein schnelleres Anwählverfahren für das irdische SternenTor entwickelt, nun ist dies auch der Sam dieser Welt gelungen. Nett allerdings, dass sie davon erst erzählt, als es fast schon zu spät ist.

Der deutsche Titel der Episode ist mal wieder völliger Unsinn, denn Apophis ist nicht der Sonnengott. Das war Ra, der schon im Kinofilm das Zeitliche gesegnet hat.

Während sie in der ersten Staffel noch ganz ordentlich, wenn auch wenig originell gearbeitet haben, so übertreffen sich die Erfinder der deutschen Titel in puncto Fehlgriffen in dieser Staffel wirklich selbst.

Folge 38: SEELENWANDERUNG
OT: HOLIDAY

Drehbuch: Tor Alexander Valenza
Regie: David Warry-Smith

Gaststars:
Dr. Frasier – Teryl Rothery
Fred – Alvin Sanders
Kellnerin – Melanie Skehar
Polizist – Darryl Scheelar

Inhalt:
Bei einer Mission landet SG-1 in einem Raum voller fremdartiger Geräte. Ein uralter Mann tritt ihnen entgegen. Teal'c erkennt, dass es sich um Machello handelt, einen begnadeten Techniker, der Zeit seines Lebens Waffen zum Kampf gegen die Goa'uld entwickelt hat. Nun macht der Alte einen ziemlich verwirrten Eindruck. Er will Daniel eine seiner Erfindungen demonstrieren, bricht aber bewusstlos zusammen, kaum dass er sie eingeschaltet hat. SG-1 nimmt ihn mit zur Erde.

Als er wieder zu sich kommt, behauptet er, in Wahrheit Daniel zu sein. Die Maschine habe ihr Bewusstsein vertauscht. Da er auf alle Fragen Antworten weiß, die nur Daniel kennen kann, scheint dies zu stimmen. Doch Machellos Körper liegt im Sterben, was auch Daniels Ende wäre.

Der echte Machello hat in Daniels Körper mittlerweile die Basis verlassen und spaziert durch Denver, wobei er sich ziemlich auffällig anstellt, da er die Gebräuche nicht kennt. Er freundet sich mit einem Bettler an, der ihn herumführt. Dabei zeigt sich Machello als äußerst spendabel, lädt sämtliche Gäste eines Restaurants ein, auf seine Kosten zu essen, und versucht mit jeder Frau zu flirten, die ihm begegnet.

O'Neill, Sam und Teal'c kehren zu Machellos Planet zurück. Von dort holen sie die Maschine, die den Körpertausch verursacht hat. Als O'Neill und Teal'c sie anfassen, wird auch ihr Bewusstsein vertauscht. Alle Experimente, dies auf gleichem Wege wieder rückgängig zu machen, scheitern. Zu allem Überfluss wird Teal'cs Körper auch noch krank. Damit der Symbiont ihn heilen kann, muss O'Neill lernen, sich in eine besondere Form von Trance zu versetzen. Anderenfalls könnte auch er sterben.

Eine Großfahndung nach Machello läuft an, da Daniels Zeit immer schneller abläuft. Aufgrund der von Machello benutzten Kreditkarte findet man seinen Aufenthaltsort heraus und kann ihn festnehmen. Er soll den Tausch der Körper rückgängig machen. Er teilt jedoch mit, dass es nicht möglich sei, ein Bewusstsein in den Körper zurückzuversetzen, aus dem es stammt. Stattdessen bietet er an, den Menschen die von ihm entwickelte Technologie, darunter auch wirksame Waffen gegen die Goa'uld, zur Verfügung zu stellen, wenn er sich dafür frei auf der Erde bewegen dürfe.

Sam konfrontiert ihn mit Daniel in seinem sterbenden Körper. Obwohl Daniel Mitleid und Verständnis für Machello empfindet, wirft er ihm vor, sich genau wie die von ihm gehassten Goa'uld zu verhalten, indem er sich einfach gewaltsam eines anderen Körpers bemächtigt habe. Sein Appell zeigt Wirkung, aber eine Umkehr des Körpertausches ist technisch dennoch nicht möglich.

Sam kommt eine Idee. Wenn ein direkter Rücktauch unmöglich ist, müsse über Kreuz getauscht werden. Machello mit O'Neill, O'Neill mit Daniel und so weiter. Ein munteres Körper-wechsle-dich-Spiel beginnt, bis schließlich jedes Bewusstsein wieder im richtigen Körper steckt. Zwar würde Machello den Menschen gerne noch die Funktionsweise seiner Erfindungen erklären, doch bleibt ihm dazu keine Zeit mehr. Er stirbt, nachdem er sich dafür bedankt hat, dass er den kleinen Ausflug auf die Erde machen und dort einen schönen Tag verbringen durfte.

Bemerkungen:

Vergeblich wird man den Darsteller von Machello unter den Gaststars suchen, denn obwohl er durch die Arbeit der Maskenbildner fast unmöglich zu erkennen ist, wird er von Michael Shanks gespielt, dem Darsteller Daniel Jacksons, der hier also eine Doppelrolle spielt. Die Besonderheit dabei ist, dass er genau die beiden Personen spielt, deren Körper vertauscht wurden.

Auch Richard Dean Anderson und Christopher Judge dürfen sich in dieser Episode schauspielerisch mal richtig austoben, wenn sie versuchen, durch Sprache, Gestik und Mimik die Rolle des jeweils anderen zu spielen. Judge gelingt dies allerdings deutlich besser.

Welch ein Zufall, dass Teal'cs Körper gerade kurz nach dem Körpertausch erkrankt. Dieser Kunstgriff dient allzu offensichtlich nur dazu, zusätzliche Dramatik zu schaffen. Er wirkt aufgesetzt und überflüssig.

Grundsätzlich handelt es sich um eine sehr humorvolle Episode. Hauptsächlich trägt das vertauschte Verhalten der Personen dazu bei, aber auch Machellos unbeholfene Versuche, sich an die Gepflogenheiten des Lebens auf der Erde anzupassen.

Im Grunde ist er eine tragische Figur, der man das Überleben gönnen würde – und das nicht nur, weil er mit seinen Erfindungen ein wichtiger Verbündeter gegen die Goa'uld wäre. Sein ganzes Leben hat er dem Kampf gegen sie gewidmet, ist dafür von ihnen gejagt und gequält worden. Zwei Milliarden seines Volkes haben durch die Goa'uld den Tod gefunden. Nun sieht er eine Chance, ein neues Leben zu beginnen, doch müsste Daniel dafür sterben. Da Machello einen guten Charakter besitzt, ist dieser Preis letztlich zu hoch für ihn, auch wenn er es anfangs zu verdrängen versucht.

Folge 39: TÖDLICHE KLÄNGE
OT: ONE FALSE STEP

Drehbuch: Michael Kaplan & John Sanborn
Regie: William Corcoran

Gaststars:
Steve – Colin Heath
Dr. Frasier – Teryl Rothery
Techniker – Daniel Bacon
Joe – Richard DeKlerk

Inhalt:

Die von Carter entwickelte Flugsonde stürzt auf PJ2/445 aus unbekannten Gründen ab und zerstört dabei eine größere Pflanze. Als SG-1 aufbricht, um die Überreste der Sonde zu bergen, trifft man auf eine primitive Zivilisation hellhäutiger, haarloser Außerirdischer, die fast wie Menschen aussehen und sich als äußerst friedlich und neugierig erweisen. Sie leben in Lehmhütten und besitzen keinerlei weiterentwickelte Kultur. Sie haben nicht einmal Werkzeuge. Außerdem sprechen sie nicht. Obwohl sie wie Menschen aussehen, scheinen sie nicht intelligenter als Tiere zu sein.

Kurz nach der Ankunft von SG-1 in dem Dorf krümmt sich einer der Außerirdischen plötzlich vor Schmerzen, fällt um und bleibt bewusstlos liegen. Nach und nach geht es auch anderen so.

Dr. Frasier holt einen der Erkrankten zur Erde, um ihn in der Krankenstation zu untersuchen, kann aber nicht viel machen. Die Außerirdischen sehen zwar fast wie Menschen aus, besitzen aber einen völlig fremdartigen Metabolismus.

O'Neill und Daniel, die auf dem Planeten zurückgeblieben sind, entwickeln eine gesteigerte Aggressivität. Mehrfach geraten sie über Kleinigkeiten in Streit miteinander und verspüren Kopfschmerzen. Anscheinend sind auch sie infiziert. Sie kehren zur Erde zurück, doch Dr. Frasier kann keine Hinweise für eine organische Krankheit feststellen.

Schließlich entdeckt Teal'c, dass die seltsamen weißen Pflanzen, die überall auf PJ2/445 wachsen, unterirdisch miteinander verbunden sind, also einen riesigen gemeinsamen Organismus bilden. Carter findet heraus, dass dieser Organismus einen bestimmten Ton im Ultraschallbereich abgibt, den die Bewohner zum Leben benötigen, während er bei Menschen die Aggressivität hervorruft. Dieser Ton hat auch zum Absturz der Sonde geführt. Als sie eine der Pflanzen dabei zerstörte, hat sie den Organismus verletzt, wodurch sich die Frequenz des Tones geändert hat. Dies hat zur Erkrankung der Einwohner geführt.

Als man dem kranken Außerirdischen auf der Erde diesen Ton vorspielt, erholt dieser sich. Daraufhin wird auf PJ2/445 ein gewaltiger Emitter installiert, der auf der richtigen Ultraschall-Frequenz ausstrahlt. Damit ist der ursprüngliche Zustand wiederhergestellt.

Bemerkungen:

Die Episode ist genauso langweilig, wie die Inhaltsangabe klingt; der absolute Tiefpunkt dieser Staffel.

Dabei ist das Thema eigentlich recht interessant. Es wird gezeigt, wie leicht man durch eine kleine Unachtsamkeit das empfindliche Gleichgewicht einer fremden Welt durcheinander bringen kann. Zunächst befürchtet Dr. Frasier, die Außerirdischen seien an einer von SG-1 eingeschleppten Infektion erkrankt, weshalb das Team sich bittere Vorwürfe macht. Dieses Thema ist schon in Folge 13 „Cassandra“ angeschnitten worden.

Dr. Frasier erklärt, es bestünde stets die Gefahr, dass man die Bewohner eines fremden Planeten mit irgendwelchen Viren oder Bakterien anstecke, gegen die diese keine Abwehrkräfte besitzen. Dass dies nicht viel häufiger schon geschehen ist, führt sie darauf zurück, dass die meisten Welten, die man bislang besucht hat, von den Goa’uld mit einstmals von der Erde entführten Menschen besiedelt worden sind, deren Immunsystem dementsprechend mit irdischen Krankheitserregern fertig wird.

Folge 40: NEUE FEINDE
OT: SHOW AND TELL

Drehbuch: Jonathan Glassner
Regie: Peter DeLuise

Gaststars:
Selmak/Jakob Carter – Carmen Argenziano
Charlie – Jeff Gulka
Dr. Frasier – Teryl Rothery
Techniker – Daniel Bacon

Inhalt:
Das SternenTor auf der Erde wird von außen aktiviert, ohne dass ein Erkennungscode gesendet wird. Hammond gibt Befehl, die Iris zu schließen. Doch der Computer reagiert nicht. Ein menschlicher Junge tritt aus dem Transportfeld. Er erklärt, er sei gekommen, um sie zu warnen. Man hält ihn für geistig verwirrt, als er behauptet, seine Mutter sei bei ihm und würde mit ihm reden. Sie trage ihm auf, nur mit O'Neill zu sprechen. Sie habe ihn über viele Wochen hinweg beobachtet, seit sie ihm durch das SternenTor von einem anderen Planeten gefolgt sei, und würde nur ihm vertrauen.

Da der Junge keinen Namen hat, bittet er, in Anlehnung an O'Neills Sohn Charlie heißen zu dürfen. Er berichtet, dass er von dem Planeten Re'Etalia stamme. Die meisten Einwohner dort seien von den Goa'uld getötet worden. Er möchte die Menschen vor den Reetou-Rebellen warnen, die sich vom Rest ihres Volkes abgespalten hätten, um gegen die Goa'uld zu kämpfen. Dabei gingen sie im wahrsten Sinne des Wortes über Leichen: Da sie nicht stark genug seien, die Goa'uld selbst anzugreifen, versuchten sie alle potentiellen Wirte zu töten. Daher planten sie die Vernichtung der Erde.

Die Zentralautorität der Reetou sei mit den Plänen der Rebellen nicht einverstanden und habe sich deshalb entschlossen, die Menschen zu warnen. Charlie sei aus menschlicher DNS geklont worden, um als Vermittler zu fungieren, da die Reetou nicht zu sehen und zu hören sind. Insofern stellen sie für jeden eine potentielle Bedrohung dar. Aus diesem Grund hatten die Goa'uld versucht, sie auszulöschen. Da Hammond und die anderen immer noch zweifeln, schleudert die Reetou Gegenstände durch die Luft und beweist so ihre Existenz. Sie war es auch, die die Iris für Charlie geöffnet hat. Damit so etwas nicht noch einmal passiert, werden Handflächenscanner in das Kontrollsystem eingebaut.

Um mehr über dieses Volk zu erfahren, schicken Sam und Daniel den Tok'ra eine Nachricht. Sams Vater kommt mit einem Begleiter zur Erde. Die Tok'ra besitzen spezielle Geräte, TLS genannt, mit denen man die Reetou sichtbar machen kann. Dies funktioniert allerdings nur, wenn man sie direkt auf diese richtet, was bei einem beweglichen Ziel schwierig ist. Es handelt sich um eine mannsgroße Insektenrasse. Jakob Carter berichtet, dass die Reetou-Rebellen immer in kleinen Selbstmordkommandos von fünf bis zehn Terroristen arbeiteten.

Von Charlies „Mutter" erfahren sie die Koordinaten des Planeten, von dem aus die Rebellen den Angriff auf die Erde planen. Zusammen mit den Tok'ra reisen mehrere SG-Teams unter Leitung von O'Neill dorthin. Sie entdecken tausende Rebellen, die sich dort sammeln. Trotz aller Vorsichtsmaßnahmen gelingt es einem kleinen Trupp von ihnen, unbemerkt durch das SternenTor mit zur Erde zurückzukehren. Ein Kampf gegen den unsichtbaren Feind entbrennt in der Basis, in dessen Verlauf Charlies „Mutter" von den Rebellen getötet wird. Mit Hilfe der TLS gelingt es zu verhindern, dass die Reetou die Basis verlassen. Nach und nach können alle getötet werden.

Da bei Charlies Klonen Fehler gemacht wurden, arbeiten einige seiner Organe nicht richtig. Er würde sterben, wenn er auf der Erde bliebe. Deshalb begleitet er die Tok'ra, um Wirt für einen Symbionten zu werden, der ihn heilen kann. Beim Abschied warnt Jakob Carter, dass die Reetou-Rebellen nicht aufgeben, sondern weiterhin versuchen würden, ihr Ziel zu erreichen.

Bemerkungen:

Während die Reetou an sich ein friedfertiges Volk sind, taucht mit den Reetou-Rebellen eine neue, tödliche Gefahr auf. Obwohl die Rebellen eingeschworene Feinde der Goa'uld sind, stellen sie auch für die Erde und zahlreiche andere Planeten eine Gefahr dar, weil sie sämtliche potentielle Wirte töten wollen. Es stört sie offenbar nicht, dass das den Mord an Milliarden unschuldiger Lebewesen bedeuten würde.

Die insektenhaften Wesen sind immer nur kurz zu sehen, wenn sie durch den Suchstrahl eines TLS huschen. Sie erinnern vage an die Bugs aus „Starship Troopers" (Starship Troopers, USA 1997) oder das Volk der Schatten aus „Babylon 5".

Sieht es anfangs noch so aus, als würde Charlie phantasieren, als er von seiner unsichtbaren Mutter spricht, so müssen die Menschen bald erkennen, dass die Gefahr, vor der er warnt, äußerst real ist.

Der Kampf gegen die Reetou in der Basis ist mörderisch spannend inszeniert und könnte geradewegs aus „Aliens – Die Rückkehr" (Aliens II, USA 1986) stammen. Die Stimmung ist sogar noch klaustrophobischer, da die Insektenwesen die meiste Zeit unsichtbar sind und sich überall befinden können. Zudem sind sie mit hochentwickelten Waffen ausgerüstet.

Insgesamt handelt es sich um eine der spannendsten Folgen der Serie bislang.

Folge 41: 1969
OT: 1969

Drehbuch: Brad Wright
Regie: Charles Correll

Gaststars:
Michael – Alex Zahara
Lieutenant Hammond – Aaron Pearl
Jenny – Amber Rothwell
Cassandra – Pamela Perry

Inhalt:

Als SG-1 zu einer weiteren Mission aufbricht, landet das Team in einer Halle, die exakt dem StarGate-Raum in der Basis entspricht. Im nächsten Moment jedoch löst sich die Umgebung um sie herum auf. Sie stehen direkt unter dem Triebwerk einer Titan-Rakete, und eine Lautsprecherstimme verkündet, dass der Brenntest in zwanzig Sekunden beginnen würde. Teal'c legt die Elektronik des Triebwerks mit einem Schuss aus seiner Goa'uld-Handfeuerwaffe lahm. Gleich darauf stürmen bewaffnete Soldaten den Raum und nehmen das Team fest.

Carter kommt zu dem Schluss, dass sie sich aufgrund eines Patzers bei den Berechnungen nicht räumlich, sondern in der Zeit bewegt haben. Sie sind etwa dreißig Jahre in die Vergangenheit gereist und befinden sich im Jahr 1969. Schon damals war der Cheyenne Mountain Komplex eine geheime militärische Forschungsanlage. Da sie unbefugt hier eingedrungen sind, hält man sie für russische Spione.

Laut Carter sei es nun das Wichtigste, kein Zeitparadoxon hervorzurufen. Dies ist jedoch schwierig, hat man ihnen doch bereits ihre Waffen abgenommen, die sehr viel fortschrittlicher als alles sind, was man zu dieser Zeit kennt. O'Neill wird von dem Kommandanten des Stützpunktes verhört, gibt jedoch keinerlei Informationen preis.

General Hammond scheint mehr darüber zu wissen, was SG-1 zugestoßen ist. Er nimmt die Nachricht, dass das Team verschollen ist, ziemlich gelassen hin. Vor der Abreise hat er Carter einen Zettel zugesteckt. Einer der Männer der Begleitmannschaft, welche die Gefangenen an die CIA überstellen soll, findet diesen Zettel. Er sorgt dafür, dass ihr Transporter eine Panne hat. Während die anderen Wachen damit beschäftigt sind, den kaputten Reifen des Fahrzeugs zu wechseln, spricht er mit SG-1. Die Nachricht ist an ihn adressiert, in seiner eigenen Handschrift, und fordert ihn auf, den Gefangenen zu helfen. Als Carter auf sein Namensschild blickt, erkennt sie, dass sie den dreißig Jahre jüngeren Hammond vor sich hat. Das Team weiht ihn ein, dass es aus der Zukunft gekommen sei. O'Neill erlangt sein Vertrauen, indem er ihm persönliche Details mitteilt, die der General ihm über seine Vergangenheit anvertraut hat.

Hammond verhilft ihnen zur Flucht. Das Team begreift, dass es das SternenTor finden muss, wenn es in die Gegenwart zurückkehren will. Hammond hat auf der Nachricht noch den zehnten und elften August zusammen mit jeweils einer Uhrzeit notiert. Offenbar ein Code, doch niemand weiß etwas damit anzufangen.

Daniel schlägt vor, Catherine Langford in New York aufzusuchen. Sie ist außerhalb des Militärs die einzige, die wissen könnte, wo sich das SternenTor befindet. Das Team wird von einem Hippiepärchen in einem Bus mitgenommen, das zu einem Konzert in New York unterwegs ist. In einem Geschäft besorgen O'Neill und seine Begleiter sich ebenfalls Hippie-Kleidung, da sie in ihren Uniformen zu sehr auffallen.

Sam wird bewusst, dass kein Berechnungsfehler, sondern eine Sonneneruption für die Zeitreise verantwortlich ist. Zu den beiden von Hammond angegebenen Terminen werden weitere Eruptionen stattfinden. Wenn sie zu einem der beiden Zeitpunkte das SternenTor passieren, können sie wieder in ihre Zeit zurückkehren.

Sie erreichen New York, besuchen Catherine und tischen ihr eine haarsträubende Geschichte auf. Daniel ergänzt seine Behauptungen mit Informationen über den Unfall von Ernest Littlefield, Catherines früherem Verlobten. Daraufhin verrät sie ihnen, dass sich das SternenTor in einer Lagerhalle der Armee in Washington befindet. Von einem Observatorium aus beobachten sie, dass tatsächlich zum ersten von Hammond angegebenen Zeitpunkt eine Sonneneruption stattfindet.

Sie dringen in das Lagerhaus ein, aktivieren das SternenTor mit Energie aus LKW-Motoren und wählen die Koordinaten manuell an. Allerdings gehen sie ein paar Sekunden zu früh hindurch. Sie kehren nicht in die Gegenwart zurück, sondern werden um mehrere Jahrzehnte in die Zukunft geschleudert. Cassandra, das kleine Mädchen aus Folge 13 „Cassandra" – mittlerweile zu einer alten Frau geworden –, begrüßt sie. Offenbar hat sich die Menschheit in den zurückliegenden Jahrzehnten entscheidend weiterentwickelt, denn Cassandra aktiviert das Tor mittels eines kleinen Handgerätes, das auch die Nox benutzt haben. Sie schickt das Team in die richtige Zeit zurück.

Bemerkungen:

Als O'Neill nach der Ankunft des Teams in der Vergangenheit verhört wird, gibt er seinen Namen zunächst mit James T. Kirk vom Raumschiff Enterprise an. Später gesteht er, in Wahrheit Luke Skywalker zu heißen. Skywalker konnte 1969 noch niemand kennen, aber da auch die

Erwähnung Kirks keinerlei Reaktion auslöst, scheint Science Fiction damals in amerikanischen Militärkreisen nicht sehr bekannt gewesen zu sein.

Wesentlich aufgeschlossener in dieser Hinsicht ist das Hippie-Pärchen, mit dem das Team durch die USA reist. Als die beiden einen Teil einer Unterhaltung belauschen und Verdacht schöpfen, behauptet O'Neill, sie seien Außerirdische, die mit dem Establishment ihres Heimatplaneten Ärger hätten, nun aber dennoch dorthin zurückkehren wollten. Nachdem er einen Energieblitz aus seiner Waffe abgefeuert hat, glauben die beiden ihm sofort und sind bereit, die vier auch weiterhin mitzunehmen.

Auch der normalerweise so forsch auftretende General Hammond – als Lieutenant ein ziemlich unsicherer Mann – lässt sich recht schnell überreden, den Gefangenen zu helfen. Eine Nachricht in seiner Handschrift (die sich leicht fälschen ließe) und die Erwähnung, dass er die erste Mondlandung vom Krankenbett seines Vaters aus verfolgt habe (was man auch anderweitig in Erfahrung gebracht haben kann), reichen schon aus, dass er gegen seine Befehle handelt und SG-1 hilft. Offenbar hat er in den folgenden dreißig Jahren eine Menge dazugelernt. Seit dem Beginn des SG-Projekts weiß er aufgrund seiner Erinnerungen, dass es SG-1 bei irgendeiner Mission ins Jahr 1969 verschlagen wird. Anhand einer Handverletzung, die sich Carter vor dem Start zuzieht und die ihm auch in der Vergangenheit aufgefallen ist, weiß er, dass dieser Zeitpunkt nun gekommen ist. Er ringt mit sich, ob er die Mission nicht untersagen soll. Doch damit würde er vermutlich ein Zeitparadoxon auslösen und seine eigene Vergangenheit verändern. Stattdessen gibt er Carter die Nachricht mit, die ihn vor dreißig Jahren bewogen hat, den Fremden zu helfen. Damit sorgt er erst in der Gegenwart dafür, dass sich die Vergangenheit genau so ereignet, wie er sie kennt.

Während die anderen Mitglieder von SG-1 nur geringe Probleme haben, sich der Flower-Power-Bewegung anzupassen, fällt Teal'c dies deutlich schwerer. In seiner lakonischen Art gibt er auf jede Frage eine ehrliche Antwort – allerdings werden seine Worte stets so aufgefasst, dass er wie ein richtig cooler Typ wirkt.

Die Folge ist inhaltlich belanglos, dafür aber recht witzig, womit sie einen deutlichen Kontrast zur todernsten Action der vorangegangenen Episode bildet.

Folge 42: **DIE HÖHLE DES LÖWEN, TEIL 1**
OT: OUT OF MIND

Drehbuch: Jonathan Glassner
Regie: Martin Wood

Gaststars:
Dr. Frasier – Teryl Rothery
Hathor – Suanne Braun
Major General Trofsky – Tom Butler
Dr. Raully – Samantha Ferris

Inhalt:
O'Neill wird aus einem Kälte-Tiefschlaf erweckt. General Major Trofsky, der neue Leiter des SG-Programms, teilt ihm mit, dass er und seine Begleiter bei ihrer letzten Mission bereits tiefgefroren durch das SternenTor zurückgeschickt worden seien; anscheinend von einer fortschrittlicheren Rasse. Die anderen Mitglieder seines Teams seien jedoch bereits tot gewesen. Ihn habe man im Kälteschlaf belassen, bis man technisch in der Lage sei, ihn aufzutauen. Das sei erst jetzt der Fall gewesen. Man würde das Jahr 2077 schreiben.

Trofsky führt ihn durch die Basis und befragt ihn dabei nach seiner letzten Mission. O'Neill weiß nur noch, dass der Planet, zu dem SG-1 reiste, angeblich von den Goa'uld beherrscht wurde; ansonsten erinnert er sich an nichts mehr. Um herauszufinden, was geschehen ist, schlägt Trofsky vor, sein Gedächtnis mit einer neuen Technologie, die von den Tok'ra stammt, zu stimulieren.

O'Neill erinnert sich an verschiedene Völker mit überlegener Technologie, denen er auf seinen Missionen begegnet ist, wie die Nox und die Asgard. Als O'Neill erschöpft ist, verlassen ihn Trofsky und die zuständige Ärztin. In verschiedenen Nebenräumen erwecken sie Daniel und Sam Carter und erzählen ihnen die gleiche Geschichte. Auch sie werden nach ihren Erinnerungen befragt.

Teal'c hingegen erwacht in der Basis der Gegenwart, kann sich aber nicht erinnern, was aus den anderen Mitgliedern des Teams geworden ist. Er möchte auf den Planeten zurückkehren, auf dem die anderen verschwunden sind, um nach ihnen zu suchen. Er vermutet, dass sie gefangen genommen wurden. Hammond lässt das jedoch nicht zu. Daraufhin quittiert Teal'c seinen Dienst und kehrt nach Chulak zurück.

Als O'Neill erneut aus seinem Schlaf erwacht, bekommt er mit, wie Trofsky und die Ärztin einige Worte in der Sprache der Goa'uld wechseln. Er wird misstrauisch, überwältigt einen Pfleger und flieht in dessen Kleidung. Als er den Teil der Basis verlässt, durch den er vorher schon geführt wurde, entdeckt er, dass es sich lediglich um einen Nachbau handelt, eine Kulisse innerhalb eines Goa'uld-Bauwerks. Dieses wird sowohl von Apophis' Schlangen – wie auch Heru'urs Horuskriegern bewacht. O'Neill findet Carter und Daniel und befreit auch sie. Allerdings bereiten ihnen die Gedächtnisverstärker Schwierigkeiten, da diese immer wieder im unpassenden Zeitpunkt Erinnerungsschübe auslösen.

Die Detailgenauigkeit, mit der die Kulisse nachgebaut wurde, verwundert Daniel; doch er erhält gleich darauf die Antwort auf seine Fragen. Die Anlage wird von Hathor beherrscht, die sich in Folge 12 „Der Kuss der Göttin" lange genug in der Basis aufgehalten hat. Die drei werden von ihren Wachen wieder gefangen genommen. Sie hat die verschiedenen Krieger von entfernten Außenposten der Goa'uld auf ihre Seite gezogen und hat damit begonnen, unbemerkt von den Systemlords einen eigenen Machtbereich aufzubauen. Da sie allerdings Jahrtausende im Tiefschlaf verbracht hat, besitzt sie zu wenig Kenntnisse über die aktuelle Lage in der Galaxis. Daher versucht sie dieses fehlende Wissen von den Menschen zu erhalten. Nachdem ihr Täuschungsmanöver aufgeflogen ist, versucht sie anfangs das Team mit Verlockungen auf ihre Seite zu ziehen. Als dies nicht fruchtet, entnimmt sie einem Jaffa einen gerade ausgewachsenen Goa'uld-Parasiten und fragt ihre Gefangenen, wer von ihnen ihn eingesetzt bekommen wolle.

Fortsetzung folgt...

Bemerkungen:

Wie schon die erste, endet auch die zweite Staffel mitten in einem Mehrteiler, wobei der Cliffhanger diesmal nicht ganz so spektakulär ist.

Hathors Plan, an das Wissen ihrer Gefangenen zu gelangen, ist geschickt ausgedacht, wird jedoch äußerst stümperhaft ausgeführt. Letztlich scheitert alles daran, dass O'Neill eine Unterhaltung in Goa'uld-Sprache aufschnappt, weil niemand bemerkt, dass er aufgewacht ist. Ein reichlich dämlicher Fehler...

Allerdings fragt man sich auch, warum sich Hathor überhaupt solche Mühe macht. Warum hat sie ihren Gefangenen nicht einfach direkt jeweils einen Goa'uld eingepflanzt, während diese bewusstlos waren und sich nicht wehren konnten? Auf diese Art hätte sie ohne großen Aufwand alles von ihnen erfahren, was sie wissen will. Gut nur, dass auch in „StarGate Kommando SG-1" die Bösewichter aus dramaturgischen Gründen nie auf die naheliegendsten Ideen kommen.

Es war abzusehen, dass SG-1 früher oder später erneut auf Hathor treffen würde. Interessant an ihrer Rolle ist, dass sie ihr eigenes Süppchen kocht, statt mit den anderen Goa'uld zusammenzuarbeiten. Sie will sogar wissen, wie sie Kontakt mit den Asgard aufnehmen kann, um sich mit ihnen gegen die Systemlords zu verbünden.

Wie schon gegen Ende der ersten Staffel, so musste anscheinend auch jetzt wieder Geld gespart werden. Nur so ist zu erklären, dass die Episode zu einem beträchtlichen Teil aus Ausschnitten aus früheren Folgen besteht, wenn die Erinnerungen der Hauptpersonen angeregt werden. Das spart zwar Kosten, verärgert aber auch die Zuschauer, die Konservenware vorgesetzt bekommen, während die eigentliche Handlung recht dürftig und überhastet ausfällt.

Man hätte sich einen würdigeren Abschluss der zweiten Staffel gewünscht, aber immerhin sind die Aussichten für die weitere Handlung recht vielversprechend.

NACHWORT

Zwei Staffeln von „StarGate Kommando SG-1" liegen mittlerweile komplett vor, die dritte wird derzeit im deutschen Fernsehen ausgestrahlt. Längst hat die Serie sich einen festen Fan-Kreis erobert. Es ist ihr gelungen, sich von diversen Kinderkrankheiten zu befreien und zu einer echten Bereicherung des Angebots an SF-Fernsehserien zu werden.

Deutete sich anfangs noch an, dass SG-1 in jeder Folge auf die Nachkommen einer anderen frühgeschichtlichen Erdkultur stoßen würde, so bilden entsprechende Episoden später eine seltene Ausnahme. Stattdessen geht es immer mehr um die Konfrontation mit überlegenen außerirdischen Völkern, von denen einige den Menschen freundlich, andere feindlich gesinnt sind. An erster Stelle wären natürlich die Goa'uld zu nennen, die weiterhin die Haupt-Bösewichter darstellen. Allerdings gibt es auch zwischen ihnen beträchtliche Unterschiede. Ihre wohl größte Schwäche stellt ihr Machthunger und ihre Arroganz dar, aufgrund derer sich die mächtigen Systemlords – die Pharaonen, wie sie ursprünglich genannt wurden – auch untereinander bekriegen, statt an einem Strang zu ziehen. Aber schließlich war es ein Lieblingshobby der Herrscher der großen antiken Weltreiche, gegeneinander Krieg zu führen. Warum sollte es bei den Goa'uld anders sein?

Auch die Reetou-Rebellen stellen eine immense Gefahr dar, obwohl sie eigentlich Feinde der Goa'uld sind. Aber der Feind eines Feindes ist nicht zwangsläufig ein Verbündeter.

Anders sieht es mit Völkern wie den Nox und den Asgard aus, wobei vor allem letztere sich nicht scheuen, sich auch aktiv in den Kampf gegen die Goa'uld einzumischen, während die Nox extrem pazifistisch sind.

Nicht zu vergessen sind die Tok'ra, die den Menschen die wohl aktivste Unterstützung gewähren, seit Jakob Carter Wirt für einen von ihnen geworden ist.

Zwar gab es auch in der zweiten Staffel einige schwächere Episoden, doch hat die Serie sich zu einer breit angelegten Space Opera entwickelt, in der verschiedene außerirdische Parteien um die Macht ringen. Die Menschen sind bislang nicht mehr als ein kleines Rädchen in diesem galaktischen Getriebe, doch haben sie sich schon mehrfach als Zünglein an der Waage erwiesen. Sie haben nicht nur Ra getötet, sondern auch den Zusammenbruch von Apophis' Reich herbeigeführt.

Anders als andere Serien wie „Star Trek" oder „Babylon5" spielt „StarGate Kommando SG-1" jedoch nicht in einer fernen Zukunft, sondern in der Gegenwart, was es dem Zuschauer leichter macht, sich in diesem Universum zurechtzufinden und sich mit den Personen zu identifizieren. Außerdem werden sie auf diese Art des öfteren mit Problemen konfrontiert, die sich aus dem politischen Gefüge in den USA der Gegenwart ergeben.

Innerhalb der zweiten Staffel hat sich einiges verändert. Apophis' Macht wurde gebrochen, doch dadurch ist die Gefahr für die Erde nicht geringer geworden. Andere Goa'uld, darunter vor allem Sokar, Heru'ur und Hathor, stehen schon bereit, um in seine Fußstapfen als neue Hauptfeinde zu treten.

Man darf also gespannt sein, was die Serie in Zukunft bieten kann.

www.tvspielfilm.de
Wir lesen was,
was Du nicht liest!
TV SPIELFILM holen. Nur das Beste sehen.
TV SPIELFILM
Alle Filme mit